FACE aux CRISES
LA FORCE DE L'ENGAGEMENT

Ce livre a été réalisé par le département
des Partenariats éditoriaux des Éditions Autrement
partenariats@autrement.fr

Partenariats éditoriaux : Henri Julien et Emmanuelle Rolland
Édition : Virginie Maubourguet assistée d'Hugo Buton
Direction artistique et mise en page : David Cosson - Dazibao
Relecture et corrections : Alice Breuil
Fabrication : Chloé Brossard
Photogravure : Hyphen - Media pour c/o Hyphen France

editions.autrement.com

ISBN : 978-2-0804-4991-7
Numéro d'édition : 630816
Dépôt légal : Octobre 2024

Achevé d'imprimer
sur les presses de GPS
en octobre 2024

FSC
www.fsc.org
MIXTE
Papier | Pour une gestion forestière responsable
FSC® C118234

LA CROIX-ROUGE FRANÇAISE 160 ANS D'HISTOIRE

FACE aux CRISES

LA FORCE DE L'ENGAGEMENT

Anne Dhoquois et Frédéric Pineau

autrement

Sommaire

La Croix-Rouge française a 160 ans !

La Croix-Rouge française s'est construite au gré des événements de l'Histoire. Dans les grandes villes et les petits bourgs, dans l'Hexagone comme dans les territoires ultramarins, elle s'est développée au cœur des réalités plurielles et des crises changeantes qui façonnent les époques.

De ses débuts sur les champs de bataille à la structuration d'une grande organisation humanitaire et sociale, en passant par l'invention notable de la profession d'infirmière, son récit se raconte comme celui d'une aventure saisissante, faite d'engagements et d'actions.

Au sein du plus grand mouvement humanitaire au monde, la Croix-Rouge française poursuit depuis 160 ans une intuition née en réponse aux affres de la guerre : celle d'une organisation neutre et impartiale, munie d'un emblème universel, dont l'unique objectif serait de soigner l'humanité.

Lors des catastrophes et des crises, mais aussi face aux détresses du quotidien, elle s'est appliquée à tisser une chaîne invisible visant à ne laisser personne de côté. Aujourd'hui, elle s'adapte aux défis d'une nouvelle époque marquée par l'accélération, l'interdépendance et l'émergence de menaces systémiques.

Ses 100 000 volontaires – femmes et hommes, jeunes et aînés, bénévoles, salariés et apprenants venus de tous les horizons de la vie – illustrent non seulement la ténacité d'un idéal intemporel, mais aussi notre capacité à nous rassembler au-delà des fractures qui traversent la société.

Forte de cette admirable énergie, la Croix-Rouge française s'engage pour la démocratie associative ainsi que pour toutes les formes de solidarité, en tant que premier opérateur de maraudes, visage du secourisme et du soin, ancrée dans l'économie sociale et solidaire. Son emblème incarne l'inconditionnalité de l'accueil et la capacité de chacune et chacun à se relever.

Cet ouvrage tente donc de retracer une prodigieuse fresque. Que ce soit l'étreinte d'une mère retrouvant son fils disparu, la vapeur d'un café partagé dans une rue en hiver, ou encore le regard d'un enfant sur le chemin tragique de l'exil, il dépeint ces innombrables images et petits gestes qui donnent sens à la solidarité.

En ces temps décisifs dans un monde qui s'interroge, cet héritage, celui de ces milliers de femmes et d'hommes qui nous ont précédés et ont donné de leur temps et de leur courage, nous donne la force de croire que tout est possible.

Philippe Da Costa
Président de la Croix-Rouge française

De la
à la gu

(1859-1914)

guerre
erre

Solférino, 1859. De l'effroi suscité par la vision d'un champ de bataille va naître une idée. Une idée devenue un combat. Quatre ans plus tard, sous l'impulsion d'Henry Dunant, le Comité international de secours aux blessés est lancé à Genève. C'est le début de l'histoire, celle d'un mouvement qui, dès sa création, n'a eu de cesse de s'adapter aux crises que traverse le monde.

L'acte de naissance.

1859. En pleine guerre opposant l'empire de Napoléon III et le royaume de Piémont-Sardaigne à l'Autriche, Henry Dunant, homme d'affaires suisse, se rend en Italie pour rencontrer l'empereur afin de résoudre des problèmes auxquels il est confronté dans ses concessions agricoles en Algérie. Il assiste, le 24 juin, aux « scènes émouvantes de la bataille de Solférino ». Le soir, le bilan de cette « lutte corps à corps, horrible, effroyable[1] », est lourd : 42 000 blessés, 6 000 morts. Le service de santé des belligérants est dépassé par l'ampleur du massacre et le manque de moyens tant matériels qu'humains. Conséquence : des milliers de vies qui auraient pu être sauvées sont sacrifiées.

De ce constat naît l'idée de la création d'un corps d'infirmiers volontaires, sous la tutelle des autorités militaires, venant en aide aux soldats sur les champs de bataille. Henry Dunant en a une vision précise : pourvus de signes distinctifs et suffisamment instruits, les infirmiers pourraient donner une réponse « à ces infortunés [...] laissés gisant abandonnés sur la terre humide de leur sang[2] ».

"De ce constat naît l'idée de la création d'un corps d'infirmiers volontaires, sous la tutelle des autorités militaires."

Portrait d'Henry Dunant, seconde moitié du XIXe siècle.

Dès le début, Henry Dunant poursuit deux objectifs : le secours aux blessés pendant les batailles et sa réglementation. En 1862, en publiant *Un souvenir de Solférino*, il espère obtenir des gouvernements européens l'adoption de « quelque principe international, conventionnel et sacré, lequel, une fois agréé et ratifié, servirait de base à des sociétés de secours pour les blessés[3] ». Des organisations de ce type existent déjà, mais elles ne bénéficient pas d'une reconnaissance internationale. Avec ses compatriotes suisses, Gustave Moynier, le général Dufour et les docteurs Louis Appia et Théodore Maunoir, il fonde en février 1863 le Comité international et permanent de secours aux blessés militaires, qui prendra le nom de Comité international de la Croix-Rouge (CICR) en 1876. Ce « Comité des cinq » organise au mois d'octobre 1863 une conférence internationale préliminaire réunissant les délégués de seize États européens, dont la France impériale représentée par

La Signature de la première Convention de Genève, 1864, tableau de Charles Édouard Armand-Dumaresq, 1826-1895.

Monsieur de Préval, sous-intendant de la garde impériale, et le docteur Boudier, médecin principal. Les délibérations aboutissent au vote de la première Convention de Genève le 22 août 1864, pour l'amélioration du sort des militaires blessés dans les armées en campagne. La convention comprend dix articles. Le septième introduit l'emploi de l'emblème de la croix rouge sur fond blanc. L'article 9, quant à lui, laisse une porte ouverte aux nations désireuses de rejoindre la conférence de Genève, signifiant ainsi son universalité. Ce texte marque la naissance d'un nouveau droit international dont la portée est encore incertaine.

"Ce texte marque la naissance d'un nouveau droit international."

[1,2,3,4] *Un souvenir de Solférino*, Genève, Imprimerie Jules-Guillaume Fick, 1862.

HENRY DUNANT : UNE VIE DE PRESTIGE ET DE MISÈRE

Né le 8 mai 1828 à Genève, Henry Dunant tient sa « richesse » d'un seul livre, *Un souvenir de Solférino*, publié en 1862, dont la « sincérité émouvante fit le succès ». Il s'y adressait à tous ceux désirant atténuer les souffrances de la guerre. Parfois qualifié de « prophétique », son message contient une dimension universelle : « Il y a donc un appel général à adresser aux hommes de tous pays, de tous rangs, aux puissants de ce monde comme aux plus modestes, aux dames comme aux hommes[4]. » Le message est compris ; il interpelle, il émeut, parfois agace les plus réticents, mais fait son chemin. Toutefois, en 1867, des divergences de vues avec son confrère Gustave Moynier et une faillite déclarée poussent Henry Dunant à quitter le Comité international de la Croix-Rouge de Genève.

Il mène alors une vie vagabonde jusqu'à ce que ses pas le fixent à Heiden, en Suisse. Malade, « oublié, ignoré, tombé dans un dénuement voisin de la misère », il trouve un ultime refuge dans une pension. Vieillard à la longue barbe blanche, il n'en continue pas moins d'écrire et de correspondre.Tous les jours, Dunant se lève tôt et travaille sans interruption pour la Croix-Rouge en écrivant des lettres ou en préparant des projets. Il aurait pu ainsi mourir dans une totale indifférence si, en 1895, le journaliste Georg Baumberger n'avait donné un écho tant à sa misère qu'à son prestige. Les témoignages de sympathie affluent, il est l'objet des plus extrêmes attentions. Toute l'Europe se mobilise. Il peut enfin payer ses créanciers. Il reçoit une avalanche de distinctions que le prix Nobel de la paix vient couronner en 1901. Henry Dunant s'éteint le 30 octobre 1910 à Heiden.

Et la Croix-Rouge devint réalité !

Un souvenir de Solférino exposait une autre idée majeure, celle de la création des sociétés nationales : « N'y aurait-il pas moyen, pendant une époque de paix et de tranquillité, de constituer des sociétés de secours dont le but serait de faire donner des soins aux blessés, en temps de guerre, par des volontaires zélés, dévoués et bien qualifiés pour une pareille œuvre ? » Dans les années qui suivent la création du CICR et la première Convention de Genève « pour l'amélioration du sort des militaires blessés », les premières sociétés nationales voient le jour dans le Wurtemberg[5], en Belgique, en Espagne, en France et en Italie (1864). Suivront en 1865 le Portugal, la Suède et la Norvège.

Pour Henry Dunant, la France impériale constitue une excellente ambassadrice

Ambulancier de la SSBM, 1870-1871.

de la Convention de Genève et des principes de neutralité qu'elle défend. Aussi s'attache-t-il personnellement à la création de la société nationale française, la seule pour laquelle il s'investira. Pour cela, il multiplie les démarches auprès de Napoléon III et de son entourage. En décembre 1863, il reçoit une réponse très encourageante de l'empereur. Dès lors, il lance une convocation à tous ceux qui lui ont offert une oreille attentive dans le but de constituer la Société de secours aux blessés militaires (SSBM). Cette réunion, acte de naissance de la Croix-Rouge française, a lieu le 25 mai 1864, dans les locaux de la Compagnie des chemins de fer Paris-Orléans. Une trentaine de personnalités sont au rendez-vous : militaires, industriels, politiques, aristocrates, philanthropes. Pour Dunant, la société en formation doit compter des représentants prestigieux et de toutes les opinions, pour une portée plus grande : l'œuvre doit être « interconfessionnelle et sans couleur de parti politique[6] ». On compte déjà parmi eux quatre de ses futurs présidents : le duc de Fezensac, le comte de Goyon, le comte de Flavigny et le marquis de Vogüé. Le premier président de la SSBM, le général de Montesquiou-Fezensac, vétéran des guerres du Premier Empire, s'entoure de figures éminentes bien connues de ses contemporains, comme le général Allard, le vicomte de Melun ou le baron James de Rothschild pour ne citer qu'eux, tous plus ou moins proches du pouvoir en place. Conjointement, un Conseil des dames se forme sous la présidence de Madame la maréchale Niel.

"L'œuvre doit être inter-confessionnelle et sans couleur de parti politique."

Dame ambulancière de la SSBM, 1870-1871.

La première assemblée générale a lieu le 11 mars 1865. Elle entérine la constitution d'un Comité central français et ouvre la voie à la création de comités en province pour asseoir son action. Le premier d'entre eux voit le jour à Lyon en 1866. Les statuts définitifs seront approuvés lors de sa reconnaissance comme établissement d'utilité publique par le décret impérial du 26 juin 1866.

L'Exposition universelle de 1867, qui se tient à Paris, offre à la SSBM l'« occasion d'affirmer à la face de l'Europe » l'existence de la Croix-Rouge et des Conventions de Genève (*Bulletin de la SSBM*, 1914). La circonstance favorise la tenue des premières assises des sociétés de secours aux blessés. Vitrine ouverte sur le monde, l'exposition de matériels et de véhicules, enrichie de conférences, connaît un succès retentissant. Tous les souverains présents à Paris l'honorent de leur visite.

[5] L'Allemagne n'étant pas unifiée, ce sont neuf sociétés de secours qui sont créées dans les États germaniques avant 1870, coordonnées depuis Berlin au sein d'un Comité central des sociétés allemandes.
[6] *Les Débuts de la Croix-Rouge en France : extraits des Mémoires de Jean-Henri Dunant*, Paris, Librairie Fischbacher, 1918.

POURQUOI LE ROUGE ET LE BLANC ?

Avant 1863, la neutralité d'un lieu aux abords du champ de bataille se reconnaît aux divers drapeaux de couleur (noir, blanc, rouge, jaune, etc.) dont usent les formations médicales. Pour autant, l'absence d'unité dans le choix des couleurs rend leur identification délicate et les méprises fréquentes. L'adoption d'un signe convenu, universel, protecteur et reconnu de tous est déjà dans les têtes. En février 1857, juste après la guerre de Crimée, un journaliste de la *Revue des deux mondes* suggérait que « par une entente commune entre les nations, les médecins et le personnel hospitalier portent un signe distinctif, le même dans toutes les armées et dans tous les pays, qui les fît reconnaître aisément des deux parties ».

Les années passent, les guerres aussi, rien ne se concrétise. Ce n'est qu'à la conférence internationale de Genève d'octobre 1863 que des résolutions sont arrêtées et que le symbole de la Croix-Rouge prend forme :

« Article 7 : Les infirmiers volontaires employés à la suite des armées doivent être pourvus, par leurs comités respectifs, de tout ce qui est nécessaire à leur entretien.

Article 8 : Ils portent dans tous les pays, comme signe distinctif uniforme, un brassard blanc avec une croix rouge. »

La Convention de Genève du 22 août 1864 en dessine un peu plus les contours : « Un drapeau distinctif et uniforme sera adopté pour les hôpitaux, les ambulances et les évacuations. Il devra être, en toute circonstance, accompagné du drapeau national. Un brassard sera également admis pour le personnel neutralisé ; mais la délivrance en sera laissée à l'autorité militaire. Le drapeau et le brassard porteront croix rouge sur fond blanc. »

La raison du choix de ces deux couleurs n'a pas été rendue publique. Malgré bien des suppositions ultérieures, de toute évidence l'inversion des couleurs fédérales suisses s'imposait presque d'elle-même. La Suisse, en effet, bénéficiait d'un statut de neutralité permanente solidement ancré dans une pratique de plusieurs siècles et confirmé par les traités de Vienne et de Paris de 1815 qui avaient mis fin aux guerres napoléoniennes. Le symbole retenu ne lui conférait en rien une portée religieuse.

Une lente reconnaissance...

Malgré cette visibilité, à la veille de la guerre franco-prussienne de 1870, la SSBM peine à trouver ses marques. Les ressources financières manquent cruellement, son réseau est peu développé, le matériel est insuffisant et le personnel se résume aux seuls cadres. Dans la précipitation de la guerre qui commence au mois d'août 1870, tout est donc à faire. Et c'est grâce à une communication bien huilée que les caisses se remplissent. Une circulaire du ministre de l'Intérieur recommande à tous les fonctionnaires de faire preuve de générosité.

La presse lui offre sa publicité. Les chemins de fer réduisent de trois quarts leurs tarifs pour les envois de la SSBM et le voyage de ses délégués. Les institutions publiques, les compagnies financières et industrielles donnent des sommes considérables, tout comme les simples particuliers. Dans le même temps, des colis en provenance de France et des quatre coins du monde sont acheminés vers des entrepôts où sont stockés, avant affectation, le matériel et les dons en nature. Des conférences s'organisent pour la faire connaître et des concerts ou des pièces de théâtre font don de leurs bénéfices.

Quête organisée par la Croix-Rouge française le jour de la « fête de la Petite Fleur bleue ». Poste sur l'avenue du bois de Boulogne, Paris, vers 1910.

"Des concerts ou des pièces de théâtre font don de leurs bénéfices."

Enfin, des quêtes sont réalisées et des troncs sont apposés dans tous les grands établissements et de nombreuses boutiques parisiennes. Douze millions de francs sont ainsi récoltés. Le siège de la SSBM prend alors ses quartiers au palais de l'Industrie, mis à disposition par le gouvernement, utilisé comme entrepôt pour les différents comités. Des convois ne cessent d'en partir pour ravitailler des villes et des comités de province proches des champs de bataille. Le Comité des dames prend en charge la gestion de la lingerie, des quêtes et de la propagande qui ont pour but de faire rayonner l'image de la Croix-Rouge et de son idéal.

La guerre de 1870-1871.

Outre les dons, à l'aube de la guerre, la SSBM continue de poser les bases de son organisation. En province, neuf circonscriptions, chacune représentée par un délégué, chapeautent désormais près de 440 comités, créés en quelques mois à la suite de la déclaration de guerre. L'encadrement peut se reposer sur un réseau solide que constituent des personnalités locales. Les volontaires se bousculent aux portes de la SSBM. On leur confie de multiples tâches, de l'aide administrative aux soins portés aux blessés sur les champs de bataille.

Les opérations militaires, qui ont commencé en août 1870, tournent mal pour l'armée française. Après la défaite de Sedan, c'est la capitulation le 1er septembre 1870. Le Second Empire est renversé et la IIIe République proclamée ; celle-ci poursuit la guerre. Mais de nouvelles débâcles militaires au cours de l'année mèneront à la défaite de la France.

En septembre 1870, on dénombre douze ambulances volantes mises en place pour les armées, sept ambulances sédentaires et huit ambulances volantes dans Paris même. Leur déploiement sur les champs de bataille fait naître des rivalités. Le rapport sur les actions menées en 1870-1871 relate ainsi : « Jusqu'ici l'intendance était seule chargée de la direction des ambulances et des hôpitaux de l'armée : c'était pour la première fois qu'elle

Chromolithographie présentant la médaille commémorative de la guerre de 1870-1871 de la SSBM.

"Leur déploiement sur les champs de bataille fait naître des rivalités."

rencontrait sur son terrain une institution libre, qu'elle connaissait à peine et qui venait introduire, à travers ses habitudes et son autorité, une action qui lui était étrangère. »

Il n'y a pas eu que des rivalités. La jeunesse de la Convention de Genève et la présence toute récente de la Croix-Rouge en France, l'ignorance de ses statuts et la méconnaissance de ses attributions entraînent de l'incompréhension, et parfois même de l'hostilité : « Le peuple et beaucoup d'hommes qui auraient dû être plus éclairés l'accusèrent, en raison de ses relations avec les Croix-Rouge des autres pays, de recueillir l'argent et les secours pour les partager avec les Allemands. On confondit le principe, reconnu par toutes les nations civilisées et introduit dans le droit public par la Convention de Genève, que tout blessé cesse d'être soigné comme un compagnon d'armes, avec l'obligation qui n'a jamais été imposée à aucun peuple belligérant de faire une part à son adversaire des dons recueillis pour ses soldats[7]. » Il va donc falloir expliquer et propager le message de la Croix-Rouge. La paix retrouvée va y aider.

L'infirmière représentée sur une carte postale patriotique.

En attendant, la désinformation, déjà, fait rage. Des témoignages, souvent sans fondements, se multiplient pour dénoncer les agissements des Allemands tirant sur des ambulances, tuant des chirurgiens et massacrant de nombreux blessés au cours de la guerre. Les représentants de la SSBM, pourtant, disent tout autre chose : ces derniers auraient, presque toujours, observé la Convention de Genève à la lettre. Un abbé présent sur une ambulance volante de la SSBM a rédigé un long et riche témoignage sur l'ambiance du champ de bataille après la tentative de sortie hors du Paris assiégé, le 30 septembre 1870. Il y évoque notamment une trêve négociée avec l'armée prussienne pour le relèvement des blessés et des morts. Il écrit : « Les ambulances arrivèrent enfin. On put charger les malades et les diriger vers Paris, qu'ils désiraient tant revoir. Des officiers prussiens à cheval surveillaient l'opération. Ils ont tous été très convenables, d'une grande politesse, d'une grande urbanité et d'une charité vraiment française. »

Durant la guerre de 1870-1871, l'action de la SSBM devient de plus en plus tangible : le réseau des ambulances s'étend sur l'ensemble du pays ; un bureau de renseignements de correspondants français, allemands, suisses et belges rompt le « mur de séparation » entre les prisonniers et leurs familles ; les neuf délégations provinciales redoublent leurs efforts et le Conseil central, demeuré dans Paris assiégé, maintient le contact avec elles.

[7] Rapport général sur les travaux de la SSBM pendant la guerre de 1870-1871.

LA QUÊTE

Le 14 juillet 1912, le Conseil central de la Croix-Rouge française organise la vente d'un « petit insigne patriotique » au profit des soldats qui combattent au Maroc. C'est un petit drapeau tricolore en carton, écussonné de la Croix-Rouge, portant sur ses faces le mot « Maroc ». On peut lire dans un bulletin de la SSBM : « La journée du 14 juillet fut brillamment ensoleillée et dès six heures du matin notre armée de quêteuses envahissait le bois de Boulogne, les squares, les gares, les bateaux parisiens et la ville tout entière. La foule enthousiaste [...] se pressait autour de nos vendeuses, les dépouillant de leurs drapeaux et remplissant avec entrain l'aumônière qui se tendait en faveur de nos troupes du Maroc. »

Durant la Grande Guerre, pour mener à bien sa mission et faire face à ses énormes dépenses, particulièrement pour les hôpitaux, la Croix-Rouge française a besoin de dons en espèces. À titre d'exemple, le traitement d'un blessé dans un hôpital auxiliaire revient à 4 francs par jour en moyenne – « l'État remboursant 1 franc », l'hospitalisation revient à 3 francs net. Comme en 1870 ou en 1912, les quêteuses repartent en campagne sur le pavé des villes, le long des quais de gare, sur les places, équipées du tronc en fer-blanc et du panier en osier au petit coussin piqué d'insignes cartonnés. Après la Première Guerre mondiale, la Croix-Rouge française participe à des quêtes au bénéfice d'autres œuvres, comme la Semaine nationale de l'enfance ou la campagne annuelle de lutte contre la tuberculose.

Enfin, l'association est autorisée par le ministère de l'Intérieur à organiser sa propre Journée nationale. La première a lieu le 24 juin 1934 et rapporte près de 2,6 millions de francs. Depuis, chaque année, l'autorisation est renouvelée. La quête devient un rituel immuable, une forme d'engagement qui a certes évolué, mais dont les bases demeurent identiques.

Quêteuses de la Croix-Rouge dans une scène posée de vente de « journées cartonnées », vers 1914-1918.

Détail de *L'Ambulance de la Comédie-Française durant le siège de Paris*, un tableau réalisé en 1891 par André Brouillet (1857-1914). Au premier plan figure le professeur Alfred Richet.

La fin de la guerre...

Le 27 janvier 1871, l'armistice est signé entre Jules Favre et Otto von Bismarck. S'ensuit deux mois plus tard la proclamation de la Commune de Paris, qui s'oppose à la fois à la capitulation et à l'autorité du gouvernement de Versailles.

C'est la guerre civile. À la SSBM, une partie du Comité central s'est retirée à Versailles, mais des personnalités comme le comte de Beaufort, secrétaire général, ou le docteur Chenu, directeur général des ambulances, ont choisi de rester dans Paris à la tête de la SSBM. Le 7 avril 1871, le docteur Chenu est arrêté et conduit à la Conciergerie. Sous la pression de la foule et l'intervention houleuse de gardes nationaux fédérés, la Commune le libère. Le gouvernement insurrectionnel impose alors le « citoyen Rousselle » comme directeur de la SSBM. Le 28 mai 1871, la dernière barricade tenue par les fédérés est emportée par les Versaillais. C'est la fin de l'insurrection et le début de la paix. Pour la SSBM arrive le moment de la réflexion. En effet, considérant que leur rôle de secours aux blessés en temps de guerre n'a plus lieu d'être, nombre de comités en province se dissolvent et la SSBM doit, dès lors, s'interroger sur la formation de ses volontaires, mais aussi sur son réseau qui menace de disparaître.

"La SSBM doit, dès lors, s'interroger sur la formation de ses volontaires."

...et les leçons qu'on en tire.

La SSBM peut être fière d'avoir soigné 340 000 blessés dans ses hôpitaux et d'en avoir transporté en province plus de 8 000. La qualité des services rendus est reconnue, en particulier par les militaires et les représentants du gouvernement. Mais pour des spécialistes avisés, comme les médecins Anna Hamilton et Félix Regnault, la SSBM n'a pas été tout à fait à la hauteur de sa tâche. Ils déplorent que des amateurs pleins de bonne volonté aient pu croire que l'on pouvait s'improviser infirmiers. Certains membres du corps médical ont par ailleurs repéré le fort potentiel d'engagement et la volonté des femmes lors de la guerre, en même temps que leur manque de compétences à soigner. Mais la SSBM est si peu convaincue de leur utilité dans le service des

> "La SSBM peut être fière d'avoir soigné 340 000 blessés dans ses hôpitaux."

ambulances qu'elle ne cherche à aucun moment à les instruire. Depuis 1864, elle n'envisage comme « volontaires » que les membres des congrégations et campe sur ses positions. Le docteur Auguste Duchaussoy (1827-1918), professeur agrégé à la faculté de médecine, veut toutefois répondre au plus vite à la nécessité d'un enseignement convenable.

Prenant exemple sur l'Union patriotique des dames allemandes, il institue au mois d'avril 1877 la première École publique et gratuite de garde-malades et d'ambulancières, et, en 1879, avec l'aide d'Emma Kœchlin-Schwartz (1838-1911), fonde l'Association des dames françaises (ADF), deuxième branche de la Croix-Rouge française, qui redonne une voie professionnelle aux femmes. Mais, en 1881, des divergences de vues sur la constitution de l'ADF et la méthode de diffusion de l'enseignement provoquent une scission dans le Comité et la création d'une troisième branche, l'Union des femmes de France (UFF), qu'Emma Kœchlin-Schwartz dirige fermement jusqu'en 1900. L'UFF se démarque des deux autres branches (SSBM et ADF) par une direction strictement féminine. Soucieuses de préserver leur neutralité et d'empêcher tout antagonisme, l'ADF et l'UFF mettent un point d'honneur à interdire l'influence d'une quelconque opinion politique, philosophique ou religieuse sur leurs membres, dans l'intérêt de tous – comme c'est le cas au sein de la SSBM. Malgré tout, des attaques et des rumeurs ressurgiront de temps à autre et ne s'effaceront définitivement qu'avec la fusion des trois sociétés en 1940.

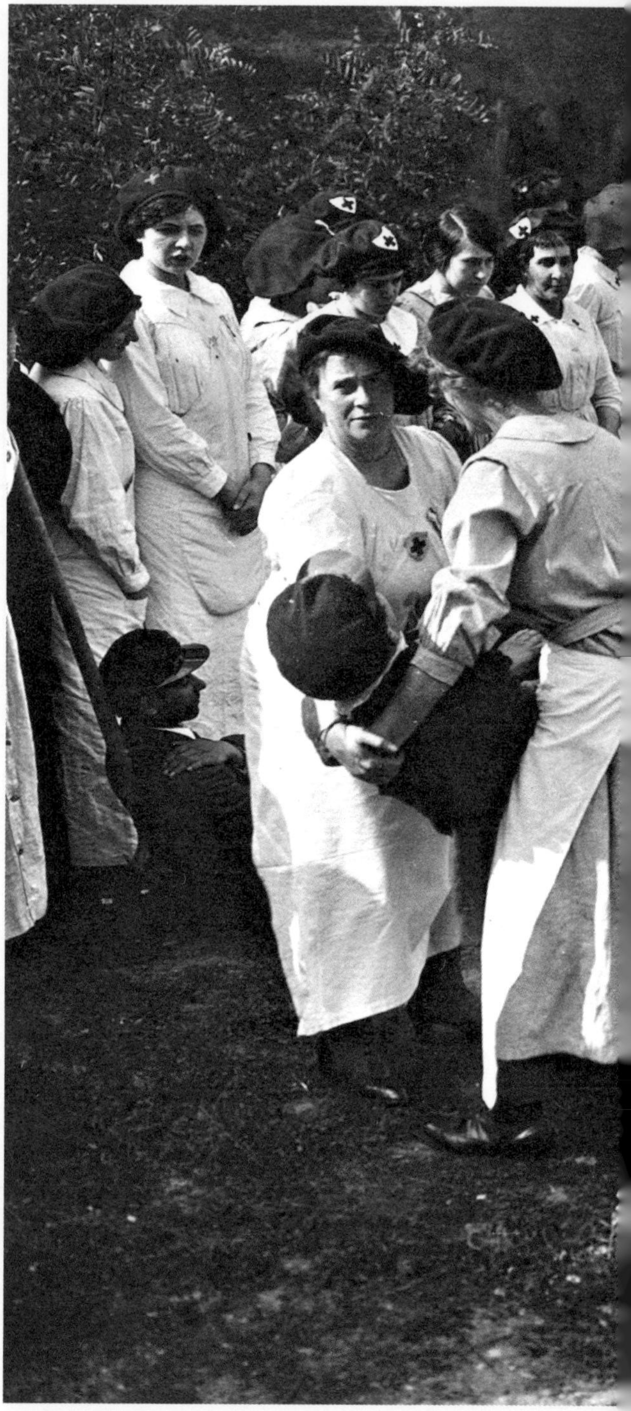

En 1882, la SSBM organise elle aussi des cours théoriques pour ses membres et, en mai 1899, un dispensaire est construit dans le quartier de Plaisance, dans le XIVe arrondissement de la capitale où, « trois ou quatre fois par semaine, les dames associées prennent part aux pansements, opérations, consultations, c'est-à-dire s'instruisent comme le feraient des étudiants en médecine ; elles sont sous la surveillance de monitrices, élèves diplômées des cours précédents, chaque élève ayant sa monitrice[8] ». En créant cet enseignement, la SSBM renforce sa mixité.

[8] *Bulletin de la SSBM*, 1902.

Les volontaires de la Croix-Rouge française suivent des cours pour soigner et panser les blessés, au début du XXe siècle.

"En créant
cet enseignement,
la SSBM renforce
sa mixité."

Naissance du premier réseau d'éta-blissements.

Entre 1879 et 1882 se forge l'enseignement Croix-Rouge qui, dès lors, ne cesse de s'intensifier, de se propager, de se modeler et de s'étoffer pour une meilleure reconnaissance. Soixante-dix dispensaires-écoles ouvrent ainsi de 1899 à 1911. Gérés par les comités, avec ceux de l'ADF et de l'UFF, ils constituent le premier réseau d'établissements de la Croix-Rouge française, conjuguant à la fois les soins aux plus démunis et la formation des infirmières. Les hommes ne sont pas écartés de l'enseignement, puisque la formation des premières équipes de brancardiers de la SSBM débute à Lille en 1880.

La France, à partir des années 1880, se couvre de comités et, entre 1899 et 1914, de dispensaires, tandis que

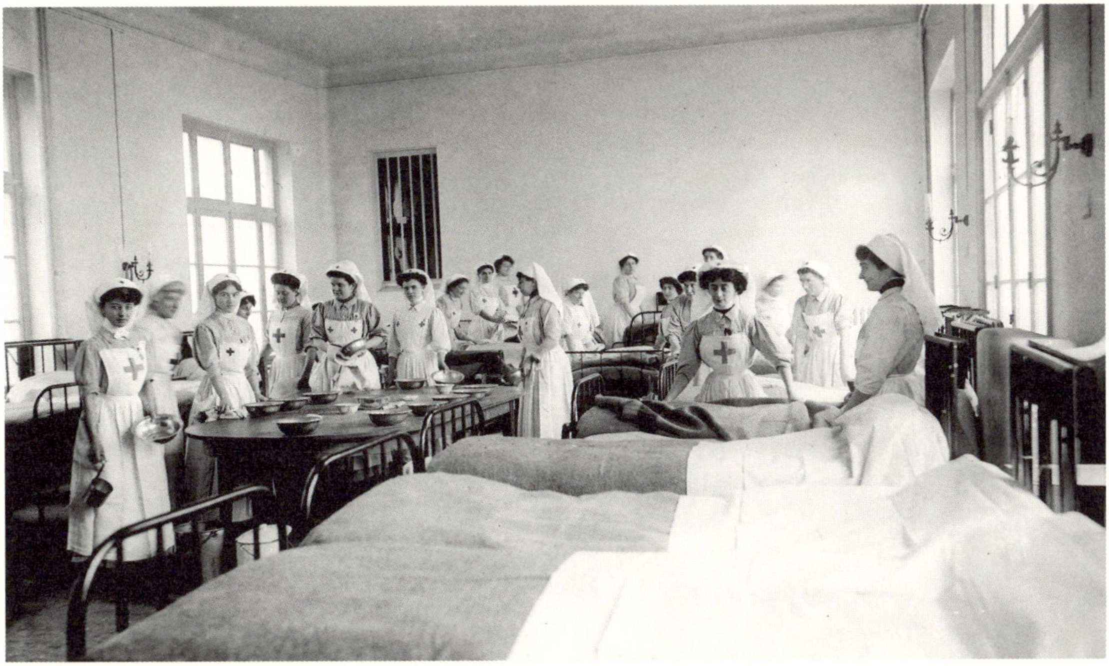

Dames de la Croix-Rouge française
dans une chambre d'hôpital, vers 1910.

la Croix-Rouge se féminise et que les femmes, rapidement, deviennent largement majoritaires dans les rangs des trois sociétés d'assistance. À partir de 1878, le fonctionnement des sociétés et leur rôle en temps de guerre sont réglementés par décret. Auxiliaires du Service de santé des armées, leurs comités, dont le maillage est calqué sur le découpage de la France en régions militaires, ont l'obligation de créer et d'entretenir en temps de guerre, hors des zones de combat, des hôpitaux auxiliaires permanents et de concourir au service de l'arrière en assurant la charge des trains d'évacuation et des infirmeries de gare.

"Les femmes, rapidement, deviennent largement majoritaires dans les rangs des trois sociétés d'assistance."

CORALIE CAHEN, 38e FEMME DÉCORÉE DE LA LÉGION D'HONNEUR

Née à Nancy, Coralie Cahen (1832-1899) se voue, après les décès successifs de sa fille unique puis de son mari, aux œuvres de bienfaisance comme la Maison israélite de refuge pour l'enfance. En 1870, dès la déclaration de guerre contre la Prusse, elle devient membre du premier Comité central des dames de la Société de secours aux blessés militaires. Domiciliée à Metz, elle demeure dans la ville assiégée pour y soigner les blessés. Elle organise à cet effet une ambulance uniquement destinée aux sous-officiers et aux simples soldats, prévoyant que les officiers seraient sans peine accueillis et bien soignés chez l'habitant. Après la capitulation, elle se rend à Tours. Gambetta lui confie l'organisation d'un hôpital dans l'enceinte du lycée de Vendôme, où elle dirige médecins et religieuses. La guerre à peine terminée, Coralie Cahen apprend que nombre de prisonniers français sont encore enfermés pour délits ou fautes disciplinaires dans des forteresses allemandes. Appuyée dans sa démarche par l'impératrice d'Allemagne, Augusta, elle obtient la libération de plusieurs centaines d'entre eux. Lorsqu'elle le peut, elle donne des renseignements aux familles de ceux qui n'ont pas eu la chance d'être libérés, puis dresse une liste des Français se trouvant encore retenus en Allemagne dans les hôpitaux et les forteresses. Ses missions terminées, elle se consacre de nouveau à la Maison israélite de refuge pour l'enfance de Neuilly. Toujours sensible aux principes de la Croix-Rouge, elle adhère en 1888 à l'Association des dames françaises, dont elle devient présidente de la commission de propagande en 1891. Elle est élue membre du conseil d'administration la même année. En reconnaissance de son activité de guerre, le 28 décembre 1888, Coralie Cahen devient la 38e femme à recevoir la Légion d'honneur, dans son cas, à titre militaire.

Missions au-delà des frontières.

Les frontières ne constituent plus des limites à l'intervention de la Croix-Rouge française. Après la défaite de 1870, la République entreprend une série de conquêtes outre-mer. Objectif des dirigeants : donner un nouvel élan à une France qui cherche le moyen de panser ses blessures et son amputation territoriale d'une grande partie de l'Alsace et de la Lorraine.

Cet élan patriotique n'épargne pas la Croix-Rouge, qui veut trouver sa place auprès du Service de santé des armées. La couverture du *Bulletin de la SSBM* indique les « états de service » de la Société comme autant de campagnes : guerre de 1870 ; expédition de Chine (1900-1901) ; campagne du Maroc (1907-1908). Jusqu'en 1900, la Croix-Rouge française n'intervient outre-mer (Tonkin, Sénégal, Madagascar, Soudan, Dahomey) que par l'acheminement de dons en nature et de linges aux soldats. Lors de la révolte des Boxers (1900-1901), en Chine, elle offre ses services et obtient l'envoi d'une mission sur le paquebot *Notre-Dame du salut*, chargé

Infirmières de la SSBM et blessés de l'armée d'Afrique à l'hôpital de Casablanca lors de la campagne du Maroc, 1907.

de matériel d'hôpitaux et de pansements. C'est l'occasion de se rendre dans un pays en plein chaos, qui ne reconnaît pas encore la Convention de Genève.

Cinq religieuses appareillent ainsi sous la bannière de la Croix-Rouge en 1900. L'expérience, concluante, se répète de 1907 à 1914, avec pour la première fois des infirmières laïques, triées sur le volet, envoyées soigner blessés et malades militaires dans les hôpitaux de campagne du Maroc. Cette opération, appréciée par le Service de santé des armées, ouvre aux infirmières de la Croix-Rouge, en 1909, les portes des hôpitaux militaires.

Si ces interventions dans les colonies et à l'étranger se font essentiellement en faveur des soldats des corps expéditionnaires, en accord avec ce pour quoi la Croix-Rouge a été créée, les missions auprès des victimes de catastrophes comme les épidémies de choléra à Marseille en 1884, les tremblements de terre en Sicile (1908) et en Provence (1909), ou encore les inondations de la Seine en 1910 constituent une nouveauté pour la Croix-Rouge, en particulier pour la SSBM.

"Les frontières ne constituent plus des limites à l'intervention."

Nouveaux besoins, nouvelle mission.

L'intervention lors de catastrophes naturelles a longtemps fait débat à Genève. Hésitante, la SSBM considère que ce n'est pas l'objet de la création de la Croix-Rouge. Gardant ses distances, elle ne commence à intervenir, sporadiquement, qu'en 1884 lors de l'épidémie de choléra de Marseille. A contrario, l'ADF et l'UFF qui intègrent, dès leur création, la notion d'« intervention en cas de calamité » dans leurs statuts, voient leurs comités se déployer, au moyen d'aides financières et matérielles, auprès des victimes, au cours des grandes catastrophes qui marquent la fin du XIXe siècle : épidémies de choléra, d'influenza, incendies, inondations, catastrophes minières. Dans certaines villes, les comités vont plus loin encore et commencent à opérer sur des accidents du quotidien, seuls ou avec l'aide de la mairie ; des véhicules sont acquis pour le transport des accidentés (SSBM à Paris, ADF au Mans, etc.). Par mesure de prévention, certains comités dotent de « boîtes de secours » et de brancards des postes de police, comme à Lille ou aux Halles de Paris. Au Havre, l'ADF organise même en 1906 des « cours de premiers secours à donner en cas d'accident ». En 1909, la SSBM réforme ses statuts, approuvés par décret du 13 décembre 1909. Elle y intègre, à son tour, le secours aux populations civiles

"La Première Guerre mondiale va marquer un tournant décisif dans le destin de la Croix-Rouge française."

Lors des inondations de 1910, chargement des tombereaux devant le 85, rue de la Croix-Nivert dans le xve arrondissement de Paris.

en cas de calamité publique. Cette date marque les nouvelles orientations de la Croix-Rouge française. Son action la plus significative dans ce domaine est son intervention lors des inondations de Paris et de sa banlieue en 1910. La SSBM, à elle seule, établit 58 postes de secours, tandis que 375 infirmières, 680 auxiliaires et 573 délégués sont mobilisés.

Afin de faciliter le dialogue avec le ministère de la Guerre, et pour une meilleure unité d'action, un Comité central de la Croix-Rouge française réunissant les trois sociétés (SSBM, ADF, UFF) au sein d'un organe commun est fondé en 1907, tout en préservant l'indépendance de chacune d'elles. Cette unité d'action tant souhaitée par les autorités publiques est confortée en 1913, quelques mois avant le début de la guerre.

Depuis sa création en 1864, la Croix-Rouge française a vu son activité croître et se diversifier. Elle épaule le Service de santé des armées, enseigne aux futures

infirmières, forme les brancardiers, se dote de matériels de transport et sanitaires, marque de sa présence les concours de gymnastique, organise des bals de bienfaisance, des conférences, et peut désormais intervenir lors des calamités publiques. Elle s'accomplit aussi bien à l'intérieur qu'à l'extérieur des frontières.

Ainsi, pour la première fois, lors du séisme de Messine en 1908, les trois sociétés interviennent de concert en envoyant un groupe d'infirmières. L'année 1914 approche. Le déclenchement de la Première Guerre mondiale va marquer un tournant décisif dans le destin de la Croix-Rouge française.

Servir en temps et de paix

(1914–1939)

le pays de guerre

Dès la déclaration de guerre en 1914, la Croix-Rouge française se mobilise auprès du Service de santé des armées. Les rudes combats et leur lot de blessés rendent de plus en plus indispensables les interventions des infirmières. Si l'organisation est devenue incontournable en temps de guerre, elle s'impose également comme un acteur majeur de la reconstruction et de la paix… jusqu'au prochain conflit.

Servir l'armée.

C'est l'engagement des trois sociétés d'assistance constitutives de la Croix-Rouge française (SSBM, ADF, UFF) qui relèvent, depuis le décret de 1878, du Service de santé des armées de terre et de mer. Pour mener à bien leur mission, elles doivent renforcer leur collaboration. C'est ainsi que le décret de 1892 institue la Commission supérieure des sociétés d'assistance aux blessés militaires. En 1907, la création du Comité central de la Croix-Rouge française, composé de leurs représentants, renforce encore ce lien. C'est dans ce cadre que s'établit la répartition des souscriptions publiques et que s'agencent, en cas de conflit, l'organisation des tâches et la coordination des efforts au sein du Service de santé militaire.

Concrètement, les trois associations sont mandatées pour créer des hôpitaux auxiliaires à l'arrière du front, destinés à servir de compléments aux hôpitaux militaires. On en comptera plus de 1500 pour l'ensemble du conflit. De plus, en 1892, la SSBM se voit confier la gestion des infirmeries de gare qui jalonnent les parcours d'évacuation. Il y en aura 89 au total. À charge de leurs comités locaux de trouver les lieux (écoles, hôtels, résidences privées…), constituer le stock de linge et de matériel, le mobilier, la pharmacie, le personnel, et d'assurer la formation. Les comités doivent également organiser l'entretien des locaux, l'alimentation des blessés et des malades. Et, le jour venu, en garantir le bon fonctionnement, sous tutelle de l'armée. Ces dispositifs, préparés à l'avance, seront opérationnels moins de quinze jours après la mobilisation générale, le 1er août 1914. Ils seront déterminants dans les soins apportés aux soldats blessés et malades durant la Grande Guerre. Les infirmières de la Croix-Rouge française,

Jeune messager de la SSBM, 1914-1915.

> "Quand la France entre en guerre, la Croix-Rouge française est donc fin prête à jouer son rôle d'auxiliaire des armées."

68 000 au total, dont 5 000 requises au front et auprès des armées en opérations extérieures, représenteront à elles seules les deux tiers du personnel soignant.

La seule SSBM est à la tête, dès l'entrée en guerre, de 451 hôpitaux auxiliaires, de dizaines d'infirmeries de gare, de postes de secours aux frontières, de dispensaires-écoles. Elle s'appuie sur un grand nombre de bénévoles, d'infirmières et de brancardiers.

Par ailleurs, l'organisation dispose de 26 millions de francs. La création du premier timbre postal à surtaxe au bénéfice de la Croix-Rouge française – opération qui deviendra annuelle – en août 1914 n'y est pas étrangère. Quand la France entre en guerre, la Croix-Rouge française est donc fin prête à jouer son rôle d'auxiliaire des armées.

Innover pour répondre aux besoins.

Pour la Croix-Rouge française, le baptême du feu a lieu aux frontières, là où se sont installés les postes de secours formés de brancardiers. Commencé dans les champs de blé à peine moissonnés, le conflit se poursuit dans les tranchées boueuses de l'Argonne, de la Somme, etc. La guerre devait être brève, elle durera quatre ans. Quatre ans de boucherie. Pour les soldats blessés, malades et affaiblis, les infirmières, positionnées aux abords du front, deviennent l'incarnation du réconfort moral. On les surnomme les « anges blancs », figures du dévouement ultime.

Pour répondre aux conditions d'une guerre moderne qui fauche les corps en grand nombre, la Croix-Rouge française met en place une variété de services un peu partout, sur le front comme à l'arrière : les groupes autochirurgicaux, plus connus sous le nom d'« autochirs » ; le service des

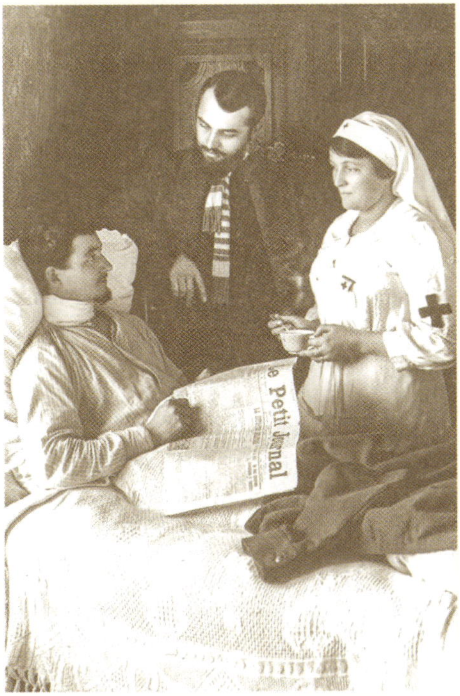

L'heure du bouillon pour ce convalescent, lecteur du *Petit Journal*.

péniches, dirigé par l'UFF, qui achemine les grands blessés sur un axe Bar-le-Duc - Lyon ; les cantines de gare, destinées aux militaires et aux populations déplacées ; les foyers du soldat ; les voitures-cantines, etc. Les infirmières y soignent, stérilisent, désinfectent, alimentent, pansent, rassurent, écrivent aux familles... Elles se forment aussi à de nouvelles techniques, comme la radiographie, l'électrothérapie, la mécanothérapie.

"Pour les soldats blessés, malades et affaiblis, les infirmières, positionnées aux abords du front, deviennent l'incarnation du réconfort moral."

Présentes aux abords du front depuis 1915, les infirmières doivent coiffer le casque et emporter un masque à gaz lorsqu'elles s'y trouvent.

La Croix-Rouge française s'adapte donc au mieux aux besoins des blessés. Elle va faire de même avec les prisonniers de guerre, de plus en plus nombreux en raison de l'enlisement et de l'internationalisation du conflit. Leurs statuts, droits et devoirs sont bien définis et couverts par la Convention internationale de La Haye de 1907, qui règle les lois et les coutumes de la guerre sur terre, et dont le principe premier est de traiter les prisonniers de guerre avec humanité. Forte de cet accord, la Croix-Rouge française installe une agence de secours et de renseignement à Paris, en contact permanent avec l'Agence internationale créée par le CICR à Genève.

Le réseau d'agences nationales facilite le recueil et la centralisation des informations sur les prisonniers : plus de 4,8 millions de fiches de renseignement seront ainsi dressées durant le conflit, permettant la transmission de nouvelles aux familles. La captivité n'est plus une rupture de tout lien social, voire une rupture totale de droits. Les prisonniers peuvent ainsi communiquer avec leurs familles, recevoir et même envoyer des colis, comme le stipule la Convention de La Haye.

Par son ampleur, la guerre demande un effort humain et financier considérable à la Croix-Rouge française. Les infirmières paieront le prix de leur engagement – 105 infirmières tuées par les bombardements, 246 mortes de maladies contagieuses contractées en service et 2 500 autres blessées –, qui sera mis à l'honneur : elles seront 373 à être décorées de la Légion d'honneur et 950 de la Croix de guerre.

LES « ANGES BLANCS »

On les a surnommées les « anges blancs ». Encensées au Sénat et dans les journaux, les infirmières de la Croix-Rouge qui ont œuvré durant la Grande Guerre sont devenues des héroïnes que l'on admire et que l'on glorifie. Durant les campagnes militaires du Maroc (1907) et des Balkans (1913), celles qui pour la première fois ont accompagné les armées provoquent l'admiration de tous. Elles ont démontré leur professionnalisme et leurs compétences, jusqu'alors mis en doute, et ont suscité des vocations. La Grande Guerre assoit définitivement cette image dans la mémoire collective.

Les propositions d'engagement affluent dès l'annonce de la mobilisation ; les files d'attente s'allongent devant les sièges des trois associations.

La presse, unanime, met en valeur leur courage. On félicite l'« abnégation », on décore le « sacrifice ». Tout le monde le reconnaît : elles sont indispensables. Blouse blanche, cape et voile bleu, leur silhouette se fond dans le quotidien des Français. Elles sont « douces », « zélées », « braves », on leur fait pousser des ailes, elles deviennent des « anges consolateurs », des « dames blanches », des « anges de bonté », des « anges blancs », les annonciatrices d'une paix en blanc. Elles font la une des journaux, exhibent leurs décorations, sont aimées de leurs malades. Si les petits garçons jouent aux soldats, les petites filles se déguisent en infirmières. Les illustrations et les caricatures qui les représentent sont toujours en leur faveur. Elles créent le mythe et sauront l'entretenir.

L'Ange gardien, carte postale illustrée par Stivai.

Servir à la reconstruction...

Le 11 novembre 1918 marque le terme d'une guerre qui a coûté la vie à plus de 18 millions de personnes et laisse environ 21 millions de blessés derrière elle. Des milliers d'infirmières retournent à la vie civile. Malgré cela, les sociétés d'assistance, via les comités locaux, veulent apporter leur aide à la reconstruction des foyers détruits par l'ennemi, une nouvelle mission que ne prévoient ni la Convention de Genève ni les statuts de la Croix-Rouge française.

Et pourtant, l'association organise très tôt des services d'aide aux populations. En 1916, face aux flots de civils faits prisonniers en Allemagne qui reviennent par la frontière suisse, en passant par Lyon, un Service d'accompagnement des trains de réfugiés, répartis partout en France, est mis en place. Au Nord et à l'Est, au rythme du recul des troupes allemandes, dès mai 1917, la Croix-Rouge française se joint aux dispositifs de retour des civils. Quarante-quatre permanences s'installent,

> "L'aide aux populations civiles, déjà amorcée à la veille de la guerre par la lutte contre la tuberculose, prend une ampleur imprévue."

Carte postale représentant les interventions de la SSBM dans les villages détruits par la guerre.

à long terme, dans ces régions dévastées, réparties sur treize départements. Le besoin sanitaire est considérable, la population est physiquement éprouvée par les privations, dans des zones jonchées d'engins de guerre.

On établit des ouvroirs (ateliers de confection de linge), des centres d'assistance par le travail, des dispensaires, des consultations de nourrissons, des « gouttes de lait » (lieux où, faute de mieux, on peut nourrir les enfants avec un lait proche du lait maternel), etc. Les dispensaires se résument en de simples

Le Bain de soleil, aquarelle de Jeanne Thil, 1918.

baraquements provisoires en bois où logent aussi les infirmières. Outre des soins et des conseils, les habitants trouvent, dans les locaux des permanences, des secours en nature : nourriture, vêtements, linge, mobilier, outils de travail… et même de quoi reconstituer un fonds de commerce.

L'aide aux militaires tuberculeux est le second cheval de bataille de la Croix-Rouge ; elle s'étendra aux civils avec la conclusion de la paix. C'est ainsi que des hôtelleries sanitaires, des colonies agricoles, des sanatoriums leur sont consacrés. L'œuvre de paix n'a pas balayé pour autant d'un revers de la main l'assistance aux armées. Des foyers du soldat, des cercles-cantines et des hôpitaux militaires subsistent au Maroc, en Syrie, en Silésie, en Rhénanie et en France pour les troupes de garnison et d'occupation.

La Croix-Rouge française a connu une mutation majeure, mais peu visible, pendant la Grande Guerre. L'aide aux populations civiles, déjà amorcée à la veille de la guerre par la lutte contre la tuberculose, a pris une ampleur imprévue qui va définir un nouveau champ d'action au sein de l'ensemble du Mouvement international de la Croix-Rouge à partir de 1919. Par ailleurs, son recrutement, qui auparavant se limitait aux milieux aisés, s'ouvre désormais aux femmes de milieux plus modestes. Ces prémices de l'effort de démocratisation d'après 1940 donnent un nouveau départ et un renouvellement social à l'institution.

INÈS LYAUTEY, UNE FEMME D'EXCEPTION

Née en 1862, Inès Lyautey est la fille du baron Philippe de Bourgoing, écuyer principal de Napoléon III. Sa carrière à la Croix-Rouge débute lorsqu'elle s'inscrit aux cours d'infirmière de la SSBM en octobre 1900. Elle ne quittera plus l'institution, jusqu'à son décès en 1953, et y fera un brillant parcours.

Ses éloquents états de service épousent le siècle et l'histoire de la Croix-Rouge française. En 1907, elle prend part à la campagne du Maroc et devient la première Française officiellement admise sur un navire de guerre, à bord duquel elle soigne les blessés rapatriés. En 1908, à la suite du séisme qui secoue Messine, en Italie, et fait des milliers de blessés, elle part avec une équipe d'infirmières sur les lieux mêmes de la catastrophe. Au cours de la Première Guerre mondiale, elle est surveillante de l'hôpital complémentaire 83 du Val-de-Grâce et devient vice-présidente du Comité des dames de la SSBM, puis présidente en 1926. Une fonction qu'elle occupera jusqu'en 1939.

De 1918 à 1953, elle partage sa vie et son engagement entre le Maroc, Paris et Nancy. Au Maroc, où les structures médico-sociales sont encore inexistantes, elle supervise l'organisation de maternités, de gouttes de lait, de dispensaires pour les tuberculeux, etc. Au mois d'août 1940, à 80 ans, elle est appelée à la vice-présidence de la Croix-Rouge française unifiée, issue de la fusion des trois anciennes sociétés, aux côtés du professeur Louis Pasteur Vallery-Radot.

… et à la paix.

« Le rôle de la Croix-Rouge, œuvre militaire, a cessé avec la fin de la guerre », pouvait-on lire sur un bulletin de l'Association des dames françaises (ADF) en 1919. En réalité, il n'en est rien. Pendant la Première Guerre mondiale, l'idée d'une organisation internationale garantissant l'intégrité des États et le maintien de la paix a germé. C'est en 1919 qu'est créée la Société des nations (SDN) et l'article 25 du Pacte de la SDN est très clair quant au rôle de la Croix-Rouge en temps de paix auprès des États et des populations civiles : « Les membres de la Société des nations s'engagent à encourager et à favoriser l'établissement et la coopération des organisations volontaires nationales de la Croix-Rouge, dûment autorisées, qui ont pour objet l'amélioration de la santé, la défense préventive contre la maladie et l'adoucissement de la souffrance dans le monde. »

C'est dans ce contexte que les sociétés nationales américaine, britannique, italienne, japonaise et française fondent la Ligue des sociétés de la Croix-Rouge – qui deviendra, en 1991, la Fédération internationale des sociétés de la Croix-Rouge et du Croissant-Rouge (FICR). Son objectif est une coopération renforcée entre les sociétés sœurs dans leurs actions en temps de paix, particulièrement dans les domaines sanitaires et sociaux. Un défi dans une Europe exsangue, touchée par de multiples maux, dont la tuberculose, sujet de préoccupation majeure.

Évocation de la convalescence par une affichette de José de Andrada.

C'est donc sur un terrain nouveau que s'engagent les Croix-Rouge européennes. En France, la SSBM, l'ADF et l'UFF ont défini cinq champs d'action essentiels : constituer dès le temps de paix et entretenir en temps de guerre des hôpitaux auxiliaires pour recevoir les militaires malades et blessés, former des équipes d'infirmières mises à la disposition du service de santé militaire en temps de guerre, tant au front qu'à l'arrière, contribuer à améliorer le confort du soldat en campagne, secourir la population civile en cas de guerre ou de calamités publiques, et enfin combattre la mortalité infantile, la tuberculose, les maladies infectieuses, etc. Ces deux derniers points guident l'œuvre de la Croix-Rouge française au cours des années 1920-1930.

> "Une organisation internationale garantissant l'intégrité des États et le maintien de la paix a germé."

Lutter contre la tuberculose.

La lutte nationale entamée en 1915 contre la tuberculose, « fléau social » qui sévissait alors au front parmi les poilus, se transforme en une « croisade pacifique » en faveur des populations, menée en collaboration avec l'Union internationale contre la tuberculose (UICT) à compter de 1920. Créée dans le cadre de la SDN, l'organisation rationalise l'action mondiale contre la maladie infectieuse.

Du côté de la Croix-Rouge française, le sujet est déjà abordé avant la guerre. Les sanatoriums créés pour les militaires durant le conflit sont reconvertis pour le soin de civils atteints de la maladie. En 1919, la SSBM prolonge son propre engagement en ouvrant un Bureau central de la tuberculose destiné à conseiller techniquement ses comités dans la lutte contre la maladie et à « étudier avec eux les solutions que comportent les différents problèmes relatifs à la création des dispensaires antituberculeux[1] ». Il s'en créera 46 entre 1919 et 1922.

[1] *Bulletin de la SSBM*, 1919.

MARIE-LÉONIE GÉNIN OU L'ART DE LA PÉDAGOGIE

Élevée à Épinal, Marie-Léonie Génin (1859-1947) rejoint l'ordre de Saint-François de Sales avant de s'investir totalement dans ce qui sera l'œuvre de sa vie : la formation aux soins infirmiers. L'aventure commence en 1899 dans le quartier pauvre de Plaisance, dans le XIVe arrondissement de Paris, lorsqu'elle crée un modeste dispensaire.

Alors que ce simple baraquement est sur le point de fermer, faute de moyens, Marie-Léonie Génin reçoit la visite de Madame la générale Voisin, vice-présidente du Comité des dames à la SSBM et présidente de la Commission des ambulances et de l'enseignement de la société. Impressionnée, elle lui propose d'apprendre à des femmes à soigner les malades. Le dispensaire de Plaisance, ainsi sauvé, est transformé en dispensaire-école d'infirmières. Après quelques années, il devient un hôpital-école et s'établit définitivement place des Peupliers, dans le XIIIe arrondissement. L'école est inaugurée le 14 novembre 1908 et Marie-Léonie en prend la direction. Pendant la Grande Guerre, l'hôpital-école se transforme en hôpital auxiliaire n°12 de la SSBM. Il accueille plus de 2500 blessés.

Avec le retour de la paix, l'activité de formation peut reprendre. L'école reçoit l'agrément du ministère de la Santé publique pour la préparation du diplôme d'État d'infirmière hospitalière en 1923, puis d'assistante sociale en 1932. La vie de Marie-Léonie Génin se mêle ainsi à celle de l'hôpital-école des Peupliers jusqu'à son décès en 1947. Durant sa carrière, elle reçoit les distinctions suivantes : croix de chevalier puis d'officier de la Légion d'honneur, Palmes académiques, les plus hautes décorations de la SSBM, puis de la Croix-Rouge, médaille de la Croix-Rouge espagnole, médaille pontificale Bene Merenti. Encore aujourd'hui, Marie-Léonie Génin est considérée comme la grande dame de l'enseignement infirmier de la Croix-Rouge française.

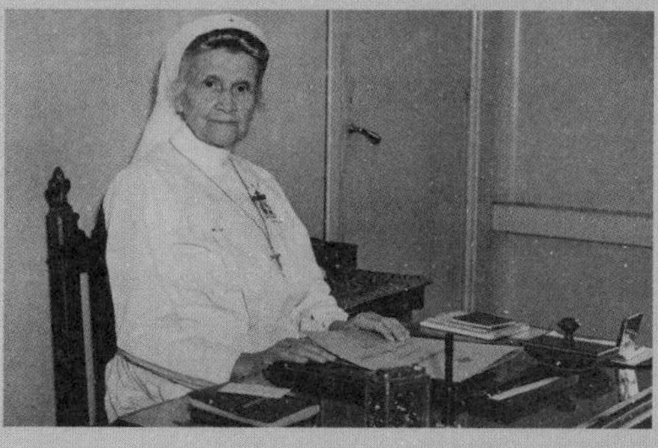

Protéger l'enfance, engager la jeunesse.

Avec un bilan de 1,45 million de morts, le conflit a provoqué une véritable saignée démographique. Pour Georges Clemenceau, la France doit soutenir les naissances afin de se redresser ; la famille nombreuse est mise à l'honneur, l'enfant doit être protégé, la mère accompagnée. Petit à petit, les contours de la politique nataliste se précisent. En septembre 1919, se tient le premier Congrès de la natalité à Nancy. Au mois de juillet 1920, la Chambre des députés vote une loi répressive contre « la provocation à l'avortement et la propagande anticonceptionnelle ». En 1923, la première Déclaration internationale des droits des enfants est instituée. La Croix-Rouge française s'engage, elle, dans la lutte contre la mortalité infantile. En 1923, la SSBM compte 83 consultations de nourrissons, 35 pour le deuxième âge, 6 pour femmes enceintes, 36 gouttes de lait, 10 crèches, 2 maternités, 2 aériums, 2 préventoriums et intègre dans la formation de ses infirmières des cours de puériculture. La Croix-Rouge française installe aussi dans les écoles les premières infirmières scolaires.

Dans les colonies, les protectorats et les territoires sous mandat, les trois sociétés de la Croix-Rouge française, parfois présentes depuis la seconde moitié du XIXe siècle, se sont implantées

Mai 1921, les enfants des écoles défilent, avec en tête des petites filles déguisées en infirmières de la Croix-Rouge.

durablement. Des zones d'exercice géographiques ont été définies et délimitées. Grâce aux médecins du Service de santé des armées, aux sages-femmes (recrutées par le ministère des Colonies) et aux auxiliaires autochtones, la lutte contre les endémies amorcée au XIXe siècle se poursuit. Là aussi, il est primordial d'endiguer des taux importants de mortalité maternelle et infantile, tout en tenant compte de références culturelles locales et du rôle joué par la médecine traditionnelle. Dans cette optique, le travail avec les mères est un élément central. En 1922, témoin du manque d'hygiène dans les soins donnés aux femmes et aux enfants des tirailleurs annamites, une infirmière du comité du Tonkin de la SSBM obtient qu'une salle leur soit réservée à l'hôpital indigène du protectorat. L'idée fait son chemin, au point que les œuvres militaires en faveur des familles de tirailleurs se renforcent tout au long des années 1920, puis 1930. Les cours d'infirmières et d'auxiliaires, occasionnellement prodigués dans la langue vernaculaire, s'ouvrent aux Indochinoises.

Outre le soutien de la natalité et la protection de l'enfance, se diffuse aussi, sur le plan international, la volonté d'associer l'enfant qui a connu la guerre à l'œuvre de paix et à l'action de la Croix-Rouge. Lancé en 1922, le mouvement dit de la Croix-Rouge de la jeunesse (CRJ) commence à se développer en France. Il se donne pour mission l'éducation à l'hygiène et à la santé, s'appuie sur les écoles et a pour idéal la fraternité, la charité et le dévouement. Les groupes français de la CRJ - dotés d'une revue illustrée, *Jeunesse*, qui paraît de 1925 à 1940 - entretiennent des rapports avec d'autres groupes dans le monde entier.

Servir le pays en temps de guerre et de paix

Les victimes des crises, en France...

Si l'enfance devient rapidement un axe d'intervention de la Croix-Rouge en temps de paix, d'autres publics dans le besoin attirent l'attention de l'organisation. Il en va ainsi de ceux que l'on qualifie de « mal lotis ». Fragilisés par la guerre, puis par la crise des années 1930, ils sont nombreux à endurer une large baisse de leurs revenus ; c'est notamment le cas des classes moyennes et des ouvriers qui subissent des périodes de chômage partiel ou total.

Très tôt, la Croix-Rouge française met en place des dispositifs pour venir en aide aux chômeurs et aux populations précaires qui ne touchent pas de secours, comme les plus âgés, ou de chômage, en pleine crise du logement : aides matérielle et alimentaire, aide au travail. Elle s'appuie alors sur ses comités locaux pour leur porter assistance.

La Lutte contre la vague de froid ou l'utilisation de l'image de l'infirmière par les Usines du Rhône dans *Le Petit Journal*, 25 janvier 1925.

… comme à l'étranger.

Très vite, la Croix-Rouge française étend son action aux populations civiles à l'étranger. De 1920 à 1923, une délégation et neuf infirmières se rendent à Constantinople où affluent les Russes fuyant la révolution, civils et soldats de l'armée du général Wrangel, et les Ottomans expulsés de Grèce. Ils y créent un dispensaire, un hôpital, une maternité, des centres de distribution de vivres. Dans le même temps, une sécheresse fait suite à la révolution russe, la famine dévaste la Russie, la Géorgie et l'Ukraine. Le CICR et la Ligue mobilisent la communauté internationale pour créer le Comité international de secours à la Russie en août 1921. En France, le gouvernement missionne la Croix-Rouge française pour intervenir et lui alloue un crédit de 6 millions de francs. Après de longues tractations avec les autorités soviétiques, une délégation débarque à Petrograd en juillet 1922, chargée de distribuer plus de 5 000 tonnes de vivres, vêtements, médicaments à une population qui meurt de faim. Le conflit gréco-turc (1919-1923) engendre le déplacement de milliers de personnes. Le haut-commissaire de France demande à la Croix-Rouge française de prendre en charge 1800 réfugiés à Istanbul. En 1927, des infirmières sont envoyées à Sofia auprès de la Croix-Rouge bulgare pour secourir les réfugiés, puis en Syrie en 1929 auprès des réfugiés arméniens. En 1927 également, à la suite des inondations dramatiques que connaît le Mississippi, 2 400 vaccins contre le typhus sont envoyés à la Croix-Rouge américaine.

La Croix-Rouge française s'attache aussi à secourir les réfugiés sur le territoire français. En 1932, l'office Nansen pour les réfugiés (actuel HCR) organise le transfert de Chine vers l'Amérique du Sud de 1000 Russes, en passant par la France. À Paris, au Havre, à Marseille et à Bordeaux, les réfugiés des convois sont accueillis et soignés par les infirmières des comités locaux des trois sociétés.

De nouveaux métiers reconnus.

Les luttes menées contre la tuberculose, pour la protection de l'enfance ou l'aide aux plus démunis ont une profonde incidence sur la profession d'infirmière : elles la modèlent. Sur le plan national, leur formation est marquée par un événement d'importance. En 1922, un décret du ministre de l'Hygiène, de l'Assistance et de la Prévoyance sociales, Paul Strauss, établit un brevet de capacité professionnelle permettant d'accéder au titre d'infirmière diplômée de l'État français. Cinq diplômes s'offrent aux candidates : ceux d'infirmière hospitalière, d'asile ou de masseuse, d'infirmière visiteuse d'hygiène sociale de la tuberculose ou de l'enfance.

Depuis la fondation de la première École publique et gratuite de gardes-malades et d'ambulancières en 1877, chaque société dispense ses propres cours, échelonnés selon les savoirs que les élèves souhaitent acquérir, du simple certificat d'auxiliaire au diplôme d'infirmière. Cependant, d'une société à l'autre, les formations diffèrent tant en qualité qu'en durée. Raison pour laquelle, en 1932, les cours de la SSBM servent de base à un enseignement unifié pour les trois sociétés. Trois degrés sont retenus : le certificat d'aide-infirmière, le diplôme simple d'infirmière et le diplôme supérieur. Ces formations trouvent un prolongement dans les colonies.

Une roulotte-dispensaire aménagée par la SSBM pour les forains, octobre 1935.

> "Le ministre établit un brevet de capacité professionnelle permettant d'accéder au titre d'infirmière."

Les dispensaires-écoles des sociétés de la Croix-Rouge sont habilités à la préparation de certains de ces concours. Dans un même temps, l'association crée ses propres écoles d'infirmières visiteuses d'hygiène sociale. Dix ans plus tard, ce diplôme sera remplacé par un diplôme d'État d'assistante de service social qui marquera les débuts d'une profession, celle des assistantes sociales.

Finalement, un décret du 18 février 1938 institue deux diplômes uniques d'infirmière hospitalière de l'État et d'assistante de service social de l'État.

Formaliser les premiers secours.

Outre ses missions sanitaires et sociales, la Croix-Rouge française se lance dans une nouvelle démarche qui ouvre l'ère du secourisme routier. Constatant que le développement de l'usage de l'automobile provoque des accidents plus fréquents et plus graves, elle signe en 1929 une convention avec l'Union nationale des associations de tourisme (UNAT), dont le vaste réseau jalonne les routes de France. Au niveau local, les infirmières de la Croix-Rouge sont désormais chargées d'instruire les membres de l'UNAT (pompistes, aubergistes…) et de contrôler le matériel des postes de secours créés aux endroits dangereux. Au programme de la formation : évaluer la gravité de la situation, contacter un médecin, dispenser les premiers secours, entretenir le matériel. En 1932, près de 1800 postes sont actifs et équipés. C'est un premier pas vers un enseignement du secourisme à l'échelle nationale, qui va bientôt s'étendre aux scouts en 1934, aux gendarmes, aux gardes mobiles, aux douaniers…

Par ailleurs, l'action de la Croix-Rouge française, toujours sur le front des catastrophes, est particulièrement

Carte de secourisme émise en avril 1936 par le comité de Tarbes de la SSBM et attribuée à René Oules, membre des Scouts de France. Depuis 1928, cette carte, propre au mouvement scout, autorise le port d'un insigne spécifique aux diplômés en secourisme.

importante lors des inondations qui dévastent huit départements du sud-ouest de la France en mars 1930. Pour venir en aide aux victimes, la Banque de France et la Fédération nationale des journaux français ouvrent une souscription et donnent à l'association les 15 millions de francs collectés. L'aide aux victimes se répartit entre hébergement d'urgence, distributions alimentaire, de mobilier, de vêtements, mais aussi participation au déblaiement et au nettoyage des maisons. Cette intervention de première urgence est d'une ampleur telle qu'elle met en évidence la nécessité d'une formalisation : les premières procédures d'intervention de la Croix-Rouge française en cas de sinistre ou d'accident voient le jour en 1934. Les neuf premières équipes de secours d'urgence, mobilisables à tout moment et disposant d'un matériel adapté, sont constituées l'année suivante.

> "Évaluer la gravité de la situation, contacter un médecin, dispenser les premiers secours..."

La Croix-Rouge sur tous les fronts.

Malgré une intense activité sociale et médicale auprès des civils, la Croix-Rouge poursuit sa mission d'origine : venir en aide aux soldats blessés et malades. Une activité moins visible mais toujours présente. Elle concerne surtout les foyers du soldat et les cercles-cantines installés à l'intérieur des casernes ou des camps en France, dans les protectorats et les territoires sous mandat (Maroc, Syrie, etc.) et en Allemagne où, depuis 1919, la Croix-Rouge française seconde le service de santé des troupes d'occupation en Rhénanie, mais aussi au Palatinat et en Silésie.

En janvier 1923, confrontés aux nombreux manquements et retards de l'Allemagne dans le paiement des réparations imposées par le traité de Versailles, les gouvernements français et belge occupent militairement le bassin de la Ruhr. À la demande de l'autorité militaire, les trois sociétés de la Croix-Rouge fournissent chacune une équipe d'infirmières réparties entre les différentes formations sanitaires de la zone d'occupation.

Au cours des deux décennies qui précèdent la Seconde Guerre mondiale, la Croix-Rouge, consciente du fait que la guerre n'est désormais plus uniquement affaire de militaires mais implique tout autant les civils, mène une réflexion poussée afin d'apporter une protection à la population et un enseignement, notamment médical, aux professionnels.

Se tenir prêt pour un autre conflit.

La montée des extrêmes, les crises sociales, économiques et politiques, l'affaiblissement de l'Allemagne et les frustrations nées des traités de paix de 1919-1920 témoignent d'une Europe en proie au doute et aux tensions. L'avenir s'obscurcit et laisse entrevoir la possibilité d'un nouveau conflit. Si le pire arrivait, l'évolution des techniques de guerre constatée entre 1914 et 1918, notamment l'emploi des gaz toxiques, augmenterait la vulnérabilité des populations civiles. C'est ainsi qu'en 1925, pour répondre à cette inquiétude, la 12e conférence internationale de Genève invite les sociétés nationales de la Croix-Rouge à prévoir, dès le temps de paix, des mesures visant à organiser la protection des populations civiles contre le danger « aérochimique ». La Croix-Rouge française institue ainsi, en 1931, des cours de prévention pour la lutte contre les gaz toxiques. Une nouvelle catégorie d'infirmières apparaît alors : les infirmières Z.

Autre préoccupation à la fin des années 1920 : le transport par air des blessés et la formation d'un personnel infirmier approprié. Satisfaites des expériences menées par l'aviation sanitaire pendant la campagne du Maroc, les trois sociétés de la Croix-Rouge française dévoilent leurs premières équipes d'infirmières de l'air en 1934. Présente sur terre, puis sur mer, l'organisation le sera désormais aussi dans les airs.

D'un conflit l'autre.

Dans le contexte de tension diplomatique de septembre 1938, la Croix-Rouge française se mobilise. Des équipes pour les formations du service de santé et de la défense passive, qui vise à assurer la protection des civils en cas de bombardements, parfois complétées d'auxiliaires, sont constituées et mises en état d'alerte ; des engagements volontaires pour les services annexes (cantines de gare, ouvroirs, etc.) sont signés, et des conductrices recrutées. De cette première mobilisation, le Comité central tire bien des leçons : il faut prévoir des permanences pour les demandes d'inscription, créer un fichier du personnel, revoir le matériel, envisager les aménagements à effectuer, visiter les bâtiments affectés à la Croix-Rouge, constituer des formations automobiles… Car la guerre approche à grands pas.

Ses prémices se font déjà sentir dans le sud de la France, avec l'afflux de milliers de réfugiés et exilés de la guerre d'Espagne à la frontière des Pyrénées. En juillet 1939, il est établi qu'environ « 250 comités français sont intervenus, en collaboration avec les autorités publiques, pour soigner les blessés et les malades, assurer la distribution de repas, de victuailles et de vêtements aux réfugiés dans leur zone d'action. Plus de 2 000 infirmières ont participé à cette action[2] ».

Quelques mois avant le déclenchement de la Seconde Guerre mondiale, le 1er septembre 1939, la Croix-Rouge française est déjà sur le terrain auprès des victimes de guerre.

[2] *Bulletin de la SSBM*, 1919.

Accueil, par une assistante sociale de l'IPSA, des prisonniers de guerre rapatriés par avion jusqu'au Bourget, 1945.

UNE CROIX-ROUGE POUR L'AÉRONAUTIQUE

C'est à leurs petits bonnets bleus ou blancs que l'on reconnaît les toutes premières infirmières de l'air des sociétés de la Croix-Rouge française. Elles apparaissent en 1934, parallèlement à la création de l'Armée de l'air. Leurs missions : accompagner, soigner et, le cas échéant, piloter ou sauter en parachute. En 1937, ces infirmières se regroupent sous une même bannière, celle de l'Amicale des infirmières pilotes et secouristes de l'air, plus connue sous le nom d'IPSA. Lorsque la guerre éclate, dans l'incapacité de voler, les IPSA fondent l'Entr'aide de l'aviation, une œuvre dévolue au personnel au sol et aux prisonniers de l'Armée de l'air. Environ quatre mois après la défaite de juin 1940, l'Amicale reprend ses activités. Sa mission : retrouver les corps des pilotes français tués lors de la campagne de 1939-1940.

La création, le 3 décembre 1941, d'œuvres sociales pour l'aviation redynamise la vie de l'Amicale. Plus de 240 IPSA sont recrutées par le ministère de l'Air pour servir comme infirmières ou assistantes sociales de l'air sur les bases de la zone libre et de l'Afrique. Elles travaillent ainsi jusqu'en 1945, année du retour par les airs d'une partie des prisonniers de guerre et des déportés. Les IPSA volent enfin, devenant parfois convoyeuses de l'air pour l'armée.

Ayant fait leurs preuves, elles enchaînent les missions. Très vite, elles sont appelées à faire des convoyages vers l'Inde, puis l'Indochine et, dès 1946, à assurer les premières évacuations sanitaires entre Hanoï et Saigon, puis entre Saigon et Paris. Elles transportent des milliers de blessés lors des guerres d'Indochine et d'Algérie. Ces multiples tâches ne sont pas sans risques. Certaines meurent en mission.

Sur le front de la paix, l'IPSA forme les premières hôtesses de l'air de la compagnie Air France ; elle assure une double formation : soignante, pour les infirmières ou les assistantes sociales, et paramédicale pour les secouristes, avec une spécialisation aéronautique technique et médicale. S'y ajoute une formation bénévole réservée aux infirmières désireuses de devenir convoyeuses de réserve, prêtes à s'engager en cas de conflit. Puis l'Amicale des IPSA s'efface lentement de la scène jusqu'à sa disparition en 2012.

La Croix–dans la de la Guerre mondiale

(1939–1945)

Rouge tourmente Seconde

En 1939, la France entre en guerre. Un an plus tard, la Croix-Rouge réalise l'unification de ses trois sociétés fondatrices. Une démarche qui permet de mieux coordonner ses actions, même si ses marges de manœuvre restent limitées par les autorités allemandes.
La guerre apporte néanmoins son lot d'innovations avec le déploiement du secourisme. À la fin du conflit, la Croix-Rouge sera particulièrement présente aux côtés des prisonniers, déportés et réfugiés revenant des camps.

La France en 1939 et 1940.

En août 1939, le déclenchement de la Seconde Guerre mondiale est imminent. Le bureau des infirmières de la SSBM se mobilise. Outre les équipes destinées à ses structures (hôpitaux auxiliaires, cantines de gare, ouvroirs, centres d'accueil...), la Croix-Rouge française fournit des équipes dites médicales, chirurgicales, de trains ou de stations sanitaires pour la zone armée (zone du front et ses abords placés sous l'autorité militaire). Le 1er septembre, l'Allemagne envahit la Pologne, déclenchant les hostilités. Dès le 15 octobre 1939, la SSBM dirige 55 de ses équipes, représentant 304 infirmières, vers la zone des armées, tandis que 240 infirmières sont affectées dans les hôpitaux complémentaires de la région parisienne.

L'hiver 1939-1940 est très rude, avec des températures avoisinant les – 20 °C. Sur le front, pas grand-chose à signaler : c'est ce que l'on a appelé la « drôle de guerre ». Beaucoup de structures médicales

Infirmière de la SSBM, du groupe d'ambulances de corps d'armée 18, pendant le rude hiver 1939-1940.

fonctionnent au ralenti. C'est dans les gares que l'activité de la Croix-Rouge française se concentre : il faut évacuer une partie de la population d'Alsace et de Lorraine, de la région parisienne et des zones exposées. Ce sont des milliers de civils, essentiellement des femmes et des enfants, qui transitent par le rail. Il en va de même pour les militaires mobilisés. Il faut les nourrir, parfois les soigner, et leur apporter un soutien moral.

Quand le conflit s'embrase, en mai 1940, les capitulations s'enchaînent : les Néerlandais d'abord, suivis des Belges. La guerre est rapide et meurtrière. Un quart de la population française fuit, ainsi que des militaires dont les unités ont été disloquées. Les militaires français, coupés de leur commandement par l'avancée allemande, se rendent par milliers ou tentent de rejoindre la Suisse. Dans cet exode, les convois militaires mêlés aux colonnes de réfugiés encombrent les voies de communication, sous les attaques aériennes. La Croix-Rouge française intervient partout où elle le peut. Ses formations automobiles sillonnent les routes, récupèrent les civils en errance, dispensent les premiers soins aux blessés, transportent les morts. Les équipes improvisent avec le matériel disponible, transformant une école en hôpital, un camion en ambulance.

La Croix-Rouge française doit faire appel à toutes les bonnes volontés pour accueillir et accompagner les réfugiés à Paris, où elle organise des centres d'accueil dans les gares, comme dans les comités de province.

Intérieur d'une cantine de gare, 1939-1940.

Le 17 juin, le maréchal Pétain annonce à la radio que des pourparlers sont en cours en vue d'une suspension des hostilités. C'est chose faite, le 22 juin 1940, lorsque le général Huntziger signe l'armistice à Rethondes. La guerre est finie, la France est coupée en deux par une ligne de démarcation contrôlée qui limite les possibilités de circulation et sépare les familles : au nord, la zone occupée par les Allemands ; au sud, la zone dite « libre ». À Paris et en banlieue, la Croix-Rouge française ravitaille des milliers de réfugiés, dénués de tout, qui n'ont pu quitter la capitale avant l'entrée des Allemands. Dans les zones contrôlées par les autorités allemandes, aucune décision ne peut être prise sans leur consentement.
À Paris, elles chargent un représentant de l'Assistance publique de la mise en place de postes de secours sur les routes pour le rapatriement des évacués avec l'aide des Croix-Rouge française et belge.

" La Croix-Rouge française fournit des équipes dites médicales, chirurgicales."

Unification de la Croix-Rouge.

En plein chaos, le 7 août 1940, une loi consacrant l'unification de la Croix-Rouge française est promulguée. Objectif : faciliter la coordination des aides. Le professeur Louis Pasteur Vallery-Radot vient d'en prendre la présidence, le docteur Louis Bazy lui succède en 1941. Comme tous les présidents de la République, le maréchal Pétain en accepte la présidence d'honneur. La Croix-Rouge française recueille l'héritage de ses trois sociétés d'origine : la Société de secours aux blessés militaires (SSBM), l'Association des dames françaises (ADF) et l'Union des femmes de France (UFF). Il faut alors réorganiser et fusionner les comités de province. Du fait de la zone occupée, certaines villes prennent une place plus importante dans la vie de l'association.

Dans les ports de Marseille ou d'Alger, les denrées destinées à nourrir les enfants ou les prisonniers dont s'occupe la Croix-Rouge sont réceptionnées. Ces produits de première nécessité sont ensuite acheminés vers Vichy ou Lyon, par exemple, pour y être stockés. Ils sont ensuite redistribués dans les camps de prisonniers ou envoyés sous colis dans les provinces qui en ont besoin, par le biais d'un réseau de petites villes relais.

Service des layettes du 44, rue de La Boétie à Paris, mars 1943. Mmes Fernand Motte et Aubé en avaient la charge.

Lors de la première réunion du Comité central, le 2 avril 1941, le docteur Louis Bazy affirme que la Croix-Rouge unifiée « mérite par ses buts, par ses moyens, d'être considérée comme un véritable service public ». Quant à l'orientation qu'il souhaite lui donner, elle doit poursuivre un « but essentiellement humanitaire [...]. Il est indispensable qu'elle soit et qu'elle reste autonome ». Auxiliaire des pouvoirs publics, la nouvelle Croix-Rouge française doit pourtant composer avec ses principaux interlocuteurs que sont l'État français, le Secours national et les autorités allemandes.

Fondé par Paul Appell en 1914 puis recréé en 1939, le Secours national est, à l'automne 1940, placé sous l'autorité du maréchal Pétain et devient un outil de la politique de Vichy. Voué à coordonner et à contrôler, en temps de guerre, l'activité des œuvres privées venant en aide aux populations civiles, il est désormais seul à pouvoir faire appel à la générosité publique et à répartir les fonds aux associations. Un accord est établi avec la Croix-Rouge française en juin 1941. Malgré quelques luttes d'influence entre les deux organisations, celle-ci réussit à conserver une certaine autonomie. Les relations avec les autorités d'occupation sont plus complexes : l'association est surveillée et fait l'objet de tentatives d'ingérence. Début 1942, l'exclusion de deux membres du Comité central est demandée par l'intermédiaire de la Croix-Rouge allemande : il n'en sera rien. Pour autant,

elle doit officiellement rappeler à l'ordre ses conductrices-ambulancières qui, munies d'autorisations pour traverser la ligne de démarcation, passent clandestinement des messages en zone libre. Au printemps 1944, plusieurs membres de la direction de la Croix-Rouge française sont arrêtés, dont le directeur général, Jacques de Rohan-Chabot, la directrice du corps des conductrices-ambulancières, Claude de Peyerimhoff, et la directrice des infirmières, Alice Soulange-Bodin, qui sera déportée et qui mourra à Ravensbrück en janvier 1945.

DEUX FIGURES DE LA CROIX-ROUGE FRANÇAISE

LOUIS PASTEUR VALLERY-RADOT

Petit-fils de Louis Pasteur, Louis Pasteur Vallery-Radot est né à Paris le 13 mai 1886. Suivant la voie tracée par son grand-père, il accomplit une brillante carrière médicale. D'abord agrégé de médecine en 1927, il devient membre de l'Académie nationale de médecine en 1936, puis décroche le titre de professeur de la faculté de médecine de Paris à la veille de la guerre.

Élu à la tête de l'association en 1940, il travaille à la fusion des trois anciennes sociétés. Hostile à l'occupant, Louis Pasteur Vallery-Radot est remplacé, à la demande des autorités allemandes, par le docteur Louis Bazy, le 2 avril 1941. Son passage à la Croix-Rouge française est donc de courte durée. En mars 1942, avec d'autres médecins, il se propose de créer un service de santé de la Résistance. Entré dans la clandestinité, lui et son groupe adhèrent au Comité médical de la Résistance (CMR), fondé en 1943. Il en prend la direction, avec pour nom de résistance Sellier.

À la Libération, le CMR s'empare du ministère de la Santé publique. Bref intermède pendant lequel Louis Pasteur Vallery-Radot occupe le poste de secrétaire d'État à la santé publique. Quelques mois plus tard, le 12 octobre 1944, il est élu membre de l'Académie française. Il meurt le 9 octobre 1970, année de parution du deuxième tome de ses *Mémoires d'un non-conformiste*.

JACQUELINE MALLET

La baronne Mallet naît le 9 juillet 1895 à Versailles. Elle entre très tôt à la Croix-Rouge française, obtenant son diplôme d'infirmière de la SSBM en 1914. Celui-ci lui permet de servir d'abord dans les services de chirurgie d'un hôpital auxiliaire, à Paris, puis dans le service médical et chirurgical de l'hôpital complémentaire du lycée Buffon, pendant la Grande Guerre.

En 1939, Jacqueline Mallet, rattachée au ministère de la Santé publique, s'occupe de la protection des mères et des enfants réfugiés d'Alsace-Lorraine, dans neuf départements du Sud-Ouest. La défaite à peine consommée, elle organise le dépistage de la tuberculose dans les camps de prisonniers de guerre situés en France, grâce à des camions radio-photographiques. Ses attributions s'élargissent avec sa nomination, le 1er août 1940, comme directrice des services médico-sociaux pour les prisonniers de guerre à la Croix-Rouge française. En 1944, au même titre que d'autres membres du service suspectés de collusion avec la Résistance, la baronne est envoyée cinq mois en détention à la prison de Fresnes par les Allemands.

Après la guerre, elle s'investit dans l'Œuvre en faveur des enfants mutilés, victimes de la guerre, fondée en 1947 à l'instigation du général Sicé, président de la Croix-Rouge française. Elle lui donne un second souffle quelques années plus tard en ouvrant des centres pour les enfants victimes de la poliomyélite.

Jacqueline Mallet est faite chevalier de la Légion d'honneur, à titre militaire, en juin 1947. Elle restera engagée au sein de l'association jusqu'à son décès en 1980.

Les prisonniers de guerre.

Avec le retour des réfugiés dans leurs foyers, la question des prisonniers de guerre passe au premier rang des préoccupations de l'association. Ils sont 1,8 million à être détenus dans des stalags en Allemagne (pour la majorité des métropolitains) et en France (69 053 prisonniers de guerre issus des populations des colonies). À côté de la direction du service des prisonniers de guerre du ministère de la Défense nationale, la Croix-Rouge française organise une délégation générale pour les prisonniers de guerre, qu'elle installe à Vichy.

À chaque besoin correspond un service : des colis, des renseignements, du ravitaillement, des transports automobiles… La Croix-Rouge française met immédiatement en place un fichier pour la recherche des soldats disparus et le maintien des liens familiaux. En lien avec le CICR, elle traitera 1,7 million de demandes. Dès le mois d'août 1940, des formations automobiles féminines présentes à Vichy, Mâcon, Châteauroux, puis Périgueux et Lyon, ravitaillent les camps de prisonniers issus des colonies à bord de camions. Un service distinct d'une centaine de bénévoles confectionne jusqu'à 2 000 colis par jour dans un magasin-entrepôt installé à Lyon. Quelques mois plus tard, face aux ravages causés par la tuberculose, des camions sont équipés d'appareils radiologiques de dépistage.

Des colis en provenance de Suède partent de Vichy à destination des camps de prisonniers de guerre. Une conductrice-ambulancière veille au transbordement des marchandises, 1942-1943.

L'aide aux prisonniers de guerre se trouvant en Allemagne est confiée à un organisme indépendant, le Comité central d'assistance aux prisonniers de guerre (CCAPG), rattaché en 1943 à la Croix-Rouge française. Près de 40 millions de colis de vivres et de vêtements seront expédiés, acheminés via la Suisse, dans des wagons plombés par les soins du CICR.

" Près de 40 millions de colis de vivres et de vêtements sont expédiés."

Les internés civils.

S'il y a un sujet auquel la Croix-Rouge française n'est pas préparée, c'est bien celui des internés civils (Juifs, Tziganes, républicains espagnols, anciens des Brigades internationales, antifascistes allemands...) des camps de détention du sud-ouest de la France, comme ceux d'Argelès-sur-Mer, du Vernet d'Ariège et de Gurs, établis dès 1939 pour canaliser le flux de réfugiés étrangers. Pour résoudre ce problème et protéger les détenus, une émigration vers des pays neutres est, un temps, envisagée par le Comité international de la Croix-Rouge, mais les portes se ferment les unes après les autres. Ces internés, à la différence des prisonniers de guerre, ne bénéficient d'aucun statut international, ce qui les rendra plus que vulnérables après la disparition de la zone libre en novembre 1942.

À cette première vague d'internés civils vient s'en ajouter une seconde constituée de civils français ou étrangers arrêtés pour motifs raciaux, politiques ou administratifs par les autorités allemandes en zone occupée. Il y a aussi des Juifs du Palatinat et d'Alsace-Lorraine, chassés par les Allemands, préférant rejoindre la zone libre. Confrontée à une situation sans précédent et dans l'incapacité de s'appuyer sur une quelconque législation, la Croix-Rouge française peine à mettre en place une unité d'action. Pourtant, les assistantes sociales du service d'aide aux

Camp des internés civils anglo-américains de Vittel, dans lequel 2 000 personnes sont internées.

familles dispersées interviennent tant qu'elles le peuvent : « Mars 1941, nous commençons à établir des permanences dans les camps d'internés à Compiègne, Pithiviers, Beaune-la-Rolande. [...] Septembre 1941 : nous allons à Genève afin d'insister sur la situation que nous reconnaissons difficile. À Paris, nous obtenons l'installation d'une permanence au camp de Drancy[1]. »

En mars 1942, la Croix-Rouge française est déchargée de la visite des prisonniers civils de Paris et écartée des camps détenant des personnes juives. Son service des internés, aux côtés d'autres associations comme les Quakers, peut encore intervenir au mois de juillet 1942, lors des arrestations massives de Juifs, en assurant « un service médical et d'assistance au Vélodrome d'hiver, à Pithiviers et Beaune-la-Rolande[2] ».

Toutefois, en septembre 1942, la permanence sociale du camp de Drancy est supprimée et « les autorités allemandes exigent que désormais l'aide aux Israélites soit entièrement assurée par l'UGIF[3] ». Dans l'incapacité d'agir, l'activité du service se réduit encore après l'invasion de la zone sud par les troupes allemandes.

1941, une conductrice du service de ravitaillement des prisonniers de guerre assiste à la fin du ramadan dans le camp de prisonniers de Beuvraignes, dans la Somme.

Les prisonniers de guerre et les réfugiés civils ne sont pas les seules priorités d'un pays bouleversé par la guerre. Parallèlement, l'association fonde un service des foyers de la Croix-Rouge française pour les militaires et les civils et, surtout, un large dispositif dédié au soin et au secours de l'enfance : service des convois interzones, maisons des petits Français avec l'aide de la Suisse, colonies de vacances en zone libre pour les enfants de la zone nord, placement d'enfants à la campagne... À la demande du Secours national, la Croix-Rouge française prend en charge les layettes et l'alimentation des nourrissons et des enfants en bas âge menacés par la disette du fait des réquisitions allemandes et du blocus économique mis en place par les Alliés.

"La Croix-Rouge française peine à mettre en place une unité d'action."

[1] Collectif, *Au service de la Croix-Rouge française sous l'Occupation (1940-1944)*, Paris, CRF, 1948.
[2] *Ibid.*
[3] *Ibid.*

LES SERVICES AUTOMOBILES

Les premiers véhicules à moteur de la Croix-Rouge française apparaissent pendant la Grande Guerre. Il s'agit majoritairement d'ambulances utilisées localement par les comités pour le transport des blessés. Des services devenus des formations sanitaires automobiles mises en place entre 1938 et 1939.
Employées par l'armée, les services publics et les œuvres de guerre, les « sanitaires » sont partout, transportant le sang pour la transfusion sanguine, les blessés, les réfugiés, et même parfois des personnalités. En 1940, plusieurs de ces formations sont militarisées et rattachées au 19e escadron du train. Elles participent activement à la campagne de mai-juin 1940.
En novembre 1941, l'ensemble des services automobiles en zone occupée sont réunis sous une direction unique. Les sections automobiles sanitaires de la Croix-Rouge française connaissent ainsi un développement rapide qui suit le cours de la guerre. En 1942, ces sections sont réparties entre la zone libre, la zone occupée et l'Afrique du Nord. L'activité des conductrices est tant civile que militaire. Elles effectuent des transports divers (malades, blessés, matériel...), épaulent les équipes d'urgence lors des bombardements, ravitaillent les camps de prisonniers de guerre, assurent le transport des denrées destinées à la confection des colis pour ces mêmes prisonniers, etc. À partir de 1943, elles prennent le nom de « sections automobiles sanitaires régionales » (SASR). En réponse aux bombardements de 1943, des dizaines de sections et sous-sections s'implantent partout en France. Après le débarquement du 6 juin 1944, au fur et à mesure que le front se déplace vers l'est, la politique de recrutement s'intensifie.
L'armée, appréciant le travail des conductrices, en affecte près d'une centaine dans ses unités, mais elles demeurent Croix-Rouge. Au cours du printemps 1945, au moyen de « sanitaires » offertes par la Croix-Rouge britannique, les SASR érigent huit groupes mobiles détachés auprès des armées alliées en Allemagne pour le rapatriement des prisonniers et des déportés malades.
La guerre terminée, il s'agit de participer aux nouvelles perspectives que la surveillance médicale impose dans les centres ruraux, ainsi qu'à la protection infantile avec la mise en place de camions de consultation de nourrissons.

Premiers groupes de secouristes.

Tournant décisif dans la guerre, l'année 1942 est marquée par l'accroissement des bombardements des infrastructures de France par les avions alliés : ports, ponts, voies ferrées, centrales électriques, entrepôts... Les trains et les véhicules automobiles sont également pris pour cibles. Soucieuse de porter secours aux sinistrés, la Croix-Rouge française instaure un service des zones de bombardement, à l'origine des équipes d'urgence créées au mois de mars 1943, pour administrer les premiers soins et apporter de l'aide sanitaire. Ces équipes fonctionnent spécifiquement dans les zones les plus menacées : région parisienne, régions côtières, Seine-et-Oise, Seine-et-Marne, etc. C'est dans cette même logique que les groupes de secouristes apparaissent.

Gérés par une direction centrale, les secouristes fonctionnent en équipes (féminines ou masculines) ; celles-ci comprennent en principe un chef, un adjoint et de six à dix membres. Ils sont formés à la réalisation des bandages, au transport des blessés, aux méthodes de respiration artificielle et à la connaissance du corps humain. En cas d'accident, un

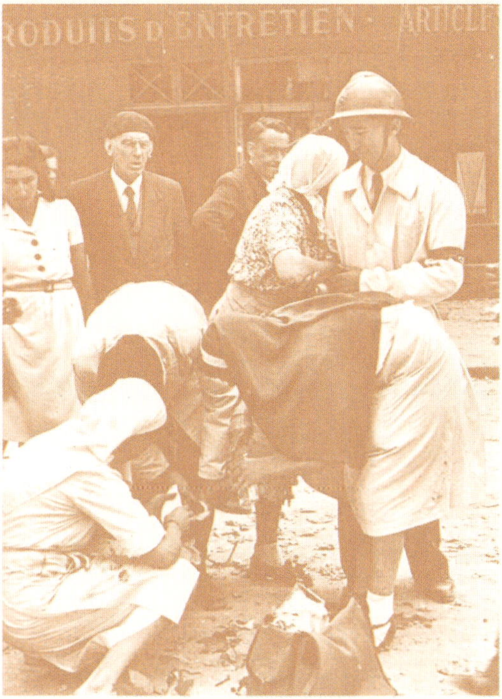

Les 16 et 23 septembre 1943, les bombardements de la ville de Nantes par les Anglais et les Américains font plus de 1 300 victimes parmi la population. Ici, un groupe de secouristes soigne un blessé après l'un de ces bombardements.

secouriste doit être en mesure, à tout moment, d'apporter les soins d'urgence avant l'arrivée du médecin ou d'une personne compétente. Il existe plusieurs sortes d'équipes féminines : celles dites de sinistres, en cas de bombardements ou de catastrophes (aide aux populations affectées, soins aux enfants, centres d'hébergement…) ; les équipes chargées des services exceptionnels (transits, convois, accueil dans les gares…) ; les équipes en charge des services réguliers (crèches, pouponnières, ouvroirs…) et d'ateliers (pour les premiers soins aux ouvriers) ; et les équipes villageoises (gardes pour les médecins et pharmaciens). Les équipes masculines sont regroupées en deux catégories. La première est celle des secouristes d'entraide, qui doivent être âgés de 16 ans minimum et ne peuvent travailler qu'en dehors de leurs heures d'étude ou pendant leurs vacances. Certains assurent des gardes de nuit, d'autres accompagnent des convalescents ou des blessés légers des hôpitaux en promenade ou distribuent des soupes populaires ; tous n'interviennent qu'une fois le danger écarté. La seconde catégorie est celle des secouristes. Âgés de 18 ans minimum, ce sont eux qui interviennent en cas de sinistre ; ils transportent les blessés sur des brancards ou se chargent des dépouilles. Tout ce personnel, au même titre que les postes de conductrices-ambulancières des sections automobiles sanitaires régionales (SASR) établis tout le long de la façade atlantique, fonctionne sous le strict contrôle de la Défense passive (une organisation créée en 1936 pour protéger les populations en cas de conflit armé). La Croix-Rouge française coopère également à la mise en service de deux trains de secours du Service interministériel de protection contre les événements de guerre (Sipeg), l'un pour la zone nord, l'autre pour la zone sud.

Le débarquement et la Libération.

Le 6 juin 1944, les Alliés débarquent en Normandie. Un nouveau front s'ouvre à l'ouest. Au mois d'août, en pleine marche des Alliés vers la Seine, débute l'opération « Anvil-Dragoon » dans le midi de la France. Les villes sont libérées les unes après les autres, mais des poches de résistance allemande subsistent le long de la côte atlantique. Durant les combats de rue entre Allemands, résistants et forces alliées, des centaines de postes de secours et des équipes mobiles sont établis dans les principales artères des grandes villes. Secouristes et infirmières évacuent les blessés sous les balles. À Paris, le 17 août, le consul de Suède, Raoul Nordling, et Jacques de Rohan-Chabot, directeur général de la Croix-Rouge française, obtiennent la libération des prisonniers politiques détenus dans les prisons de la région parisienne, mettant 3 200 personnes sous protection de l'emblème. Toujours en région parisienne, les équipes de secouristes « libèrent un train de prisonniers nord-africains et, lors d'arrêts dans les gares, des internés civils provenant de Fresnes et en partance pour l'Allemagne[1] ». La Croix-Rouge est partout, à Caen, Toulon, Lille, Lyon,

« La semaine de la libération de Paris, de Gaulle descend les Champs-Élysées, la Croix-Rouge est acclamée », indique l'inscription manuscrite au dos de la photo, 26 août 1944.

Marseille… Elle compte ses morts, plus de 400, et ses blessés. Mais, malgré le danger, 220 membres de la Croix-Rouge française (infirmières, assistantes sociales, brancardiers, conductrices…) rejoignent volontairement les rangs de la première armée française à la demande du Service de santé des armées. Le même effort est fourni par près de 200 conductrices-ambulancières des SASR, qui choisissent de servir l'armée tout en gardant leur étiquette Croix-Rouge.

"Des centaines de postes de secours et des équipes mobiles sont établis."

[1] Jacqueline Mallet, *Du joug à la délivrance : Paris, 1940-1945*, Paris, CRF, 1974.

Le retour des prisonniers, déportés et réfugiés.

La guerre s'éloigne peu à peu vers le nord et l'est. À l'exemple de ce qu'elle a fait après la Grande Guerre, la Croix-Rouge française soutient l'effort de reconstruction du pays par le biais du ravitaillement, de l'aide aux sinistrés, de consultations radiologiques, de l'envoi d'enfants en Suisse… Les divers pays alliés, dont les ressortissants sont prisonniers, déportés, réfugiés ou soumis au Service du travail obligatoire (STO), commencent à organiser des missions dites de rapatriement destinées au retour de ces personnes déplacées après l'effondrement du Reich. Alors que la France n'est pas encore libérée, un commissariat aux Prisonniers, Déportés et Réfugiés (PDR) naît à Alger dès novembre 1943. Henri Frenay, le fondateur du

"La Croix-Rouge française soutient l'effort de reconstruction du pays."

mouvement de résistance Combat, en est le commissaire. Le commissariat comprend des missions d'aide aux prisonniers déportés et réfugiés dans les pays alliés auprès des armées et une délégation spéciale en Suisse. Paris libéré, il s'y installe en août 1944 et devient un ministère, avec lequel travaille étroitement la Croix-Rouge française.

Le 8 mai 1945, « La guerre est gagnée ! Voici la victoire ! », annonce le général de Gaulle à la radio. L'Allemagne a capitulé. Les comités des départements de l'Est accueillent les milliers de prisonniers, de déportés et de réfugiés libérés rapatriés en France. Leur transit aux quatre coins du pays est ensuite organisé avec l'aide de la SNCF ou de la Croix-Rouge française : 2 435 volontaires et 125 véhicules sont mobilisés spécialement à cet effet.

Entre avril et juin 1945, les SASR mettent sur pied huit groupes mobiles détachés auprès des armées alliées en Allemagne afin d'aider au rapatriement des prisonniers et des déportés malades. Pour faciliter les recherches et le rapatriement des ressortissants français, la Croix-Rouge française installe fin 1945 des délégations et des équipes dans douze pays européens. Leurs missions : participer au rapatriement des personnes enfermées dans les camps, créer et gérer des sanatoriums

Car de la Croix-Rouge française affecté au rapatriement des prisonniers de guerre, 1945.

"La Croix-Rouge française installe fin 1945 des délégations et des équipes dans douze pays européens."

pour les intransportables, aider les militaires français sur place, secourir les populations locales, envoyer du matériel, délivrer des attestations d'emprisonnement et d'internement… La plus importante délégation fermera en 1960 en Allemagne.

Les actions menées et l'immense mobilisation des bénévoles durant ces années de guerre valent, en 1946, à la Croix-Rouge française d'être décorée de la Légion d'honneur pour services rendus à la nation. L'association ne trouve qu'un bref instant de répit pour souffler, pleurer ses morts et trouver un nouveau cap. L'urgence est désormais en France, où tout est à reconstruire, et en Indochine.

QUAND UNE AMBULANCIÈRE TÉMOIGNE

Une conductrice-ambulancière du groupe n°2 des SASR de la Croix-Rouge française chargée du rapatriement des prisonniers, déportés et réfugiés de l'Est, témoigne de l'horreur des camps.

« Nous sommes parties les premières, avant les autres groupes, le 23 avril 1945. [...] Mon groupe est allé à Buchenwald. Nous sommes entrées dans le camp deux jours après les Américains. C'était l'horreur, je dois dire. [...] Nous étions chargées de ramasser les déportés un peu partout parce que, devant l'avance américaine, les Allemands avaient fait sortir [...] des milliers de prisonniers des 25 000 du camp de Buchenwald et les faisaient marcher vers l'est. [...] Il y en a d'autres qui sont restés. Ce sont surtout eux que nous prenions en charge. Nous les amenions à l'hôpital d'évacuation 120 de Cham, en Bavière. Les Américains avaient réquisitionné des maisons [dans lesquelles] les déportés pouvaient disposer d'un lit, de draps, c'était extraordinaire pour eux après des mois de camp. C'était plus facile pour les soigner.

Quand tout a été à peu près terminé, nous sommes parties à Plzen, ou Pilsen (République tchèque), qui était un peu plus loin à l'est. Nous avons continué le ramassage des déportés que nous ramenions dans un camp allemand situé sur l'aéroport de Plzen, puis par avion ils étaient envoyés sur le lac de Constance. On ne les renvoyait pas chez eux, car on avait peur [...] ; c'étaient des hommes [...] qui ne pesaient pas plus que trente kilos. Nous craignions que les familles, en voulant les soigner, [...] les nourrissent trop et qu'ils en meurent. Il y avait le typhus, ils étaient en très mauvais état. À Constance se trouvaient des sanatoriums. On les installait là, le service médical les soignait quelque temps et, quand ils étaient mieux, ils repartaient chez eux[1] [...]. »

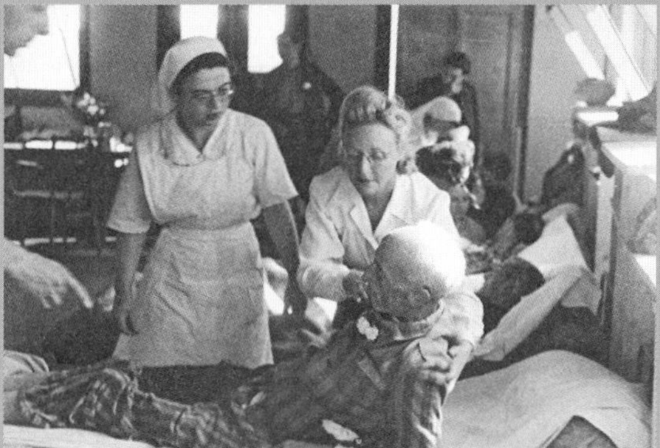

[1] Extraits d'un témoignage recueilli en novembre 2006 par l'historien Frédéric Pineau.

LE CICR ET L'HOLOCAUSTE

Durant la Seconde Guerre mondiale, la Croix-Rouge a fait face à de nombreuses difficultés pour agir auprès des populations civiles, et particulièrement des 6 millions de Juifs victimes de la politique d'anéantissement nazie.

En 1934, lors de la conférence diplomatique qui réunit tous les quatre ans les États membres des Conventions de Genève pour faire évoluer le droit international humanitaire, la Croix-Rouge pose l'enjeu de la protection des populations civiles lors des conflits. Elle demande une révision des Conventions qui portent alors uniquement sur la protection des militaires, combattants blessés ou prisonniers de guerre. Si la majorité des États souscrivent à cette proposition, l'Allemagne nazie n'entérine pas le texte. Conséquence : le CICR, qui ne peut agir qu'en respect de ces Conventions, ne dispose pas de moyens légaux pour intervenir dans les camps de prisonniers civils.

Si l'organisation parvient à obtenir, dès le début du conflit, la protection des détenus civils citoyens de pays adverses, ses démarches seront vaines s'agissant des prisonniers nationaux du Reich et des pays occupés par les Allemands, où se concentre la majorité de la population juive européenne. Ces derniers sont considérés comme des prisonniers de droit commun, donc hors de portée du mandat du CICR.

Lorsque reprennent les échanges non aboutis de la Conférence internationale de 1934, la protection des populations civiles, notamment en territoire occupé, est au premier plan. Ils déboucheront sur la Convention de Genève de 1949, complétée par des protocoles additionnels en 1977.

Comme l'ensemble des États alliés, le CICR est informé en 1942 de la politique d'extermination nazie. Il fait face à un dilemme tragique : un appel public le rendrait inopérant et risquerait de lui fermer l'accès aux millions de prisonniers de guerre détenus par les Allemands. Il choisit de ne pas la dénoncer publiquement. Les efforts vont porter sur les secours et la recherche des disparus. Les Allemands acceptent uniquement l'envoi de colis individuels, mais refusent d'indiquer les lieux de détention. Quant à l'accès aux internés des camps, les demandes d'inspection par des délégués du CICR sont systématiquement refusées. Seule exception, Theresienstadt, en juin 1944, après vingt-deux mois de négociations. C'est à la toute fin de la guerre que les délégués sont autorisés à visiter les internés des camps de concentration, à la seule condition qu'ils restent

enfermés jusqu'à la fin du conflit. Tous accepteront d'être otages volontaires. Après la Seconde Guerre mondiale et les mouvements massifs de populations qu'elle a entraînés, des centaines de milliers de personnes se sont trouvées dépourvues de papiers, et parfois sans nationalité. Le CICR leur a fourni des documents de voyage, conformément aux critères approuvés par les gouvernements concernés. Dans certains cas, ce système a été utilisé de manière abusive par des criminels nazis se présentant sous de fausses identités que le CICR n'était pas en mesure de vérifier au regard de l'afflux des demandes.
La question du rôle du CICR dans le secours apporté aux Juifs a été soulevée dès 1945 par la presse suisse. Le principal reproche qui lui est fait est la non-dénonciation des persécutions nazies des civils. En 1947, le CICR publie un livre blanc faisant état de ses actions. Dans les années 1970, l'histoire de la Shoah commence à s'écrire. En 1979, l'assemblée du CICR décide de confier à des chercheurs indépendants[2] une étude poussée de ses archives sur son action en faveur des victimes des persécutions nazies. L'objectif est, d'une part, d'analyser précisément son attitude et son rôle, et, d'autre part, de tirer les leçons du passé et de susciter en son sein une réflexion approfondie dans l'intérêt des victimes de futurs conflits.
Au vu du résultat des recherches, le CICR reconnaît son incapacité « à s'opposer fermement aux persécutions subies par les Juifs » et « l'échec d'une institution qui a pour mandat d'apporter protection et assistance aux victimes de la guerre[3] ».
En 2006, lors d'une assemblée du CICR, il était établi ceci : « Le génocide à l'encontre des Juifs et des Tsiganes et les autres persécutions perpétrées sous le IIIe Reich ont provoqué des souffrances indicibles et constituent le plus grave échec de la civilisation occidentale. Cet échec est aussi celui de la Croix-Rouge tout entière, mais il touche tout particulièrement le CICR en raison de sa vocation propre et de la position qu'il occupe au sein du Mouvement international de la Croix-Rouge et du Croissant-Rouge. [...] Cet échec est aggravé par le fait que le CICR n'a pas entrepris tout ce qui était possible pour enrayer le cours des persécutions nazies et venir en aide aux victimes de celles-ci. Le CICR est resté prisonnier de ses modes d'action traditionnels et du cadre juridique trop étroit dans lequel s'inscrivait son action. [...] »

[2] Jean-Claude Favez, avec la collaboration de Geneviève Billeter, *Une mission impossible ? Le CICR, les déportations et les camps de concentration nazis*, Lausanne, Éditions Payot, 1988 ; Arieh Ben-Tov, *Facing the Holocaust in Budapest : the International Committee of the Red Cross and the Jews in Hungary (1943-1945)*, New York, Springer, 1988.
[3] Extrait de la présentation de l'exposition « Mémoire des camps » au Musée international de la Croix-Rouge et du Croissant-Rouge, en novembre 2002.

La Cro
Rouge
et les
Glorie

(1945–1973)

ix-

En France, les premières années des Trente Glorieuses (1945-1973) sont marquées par des conflits liés à la décolonisation, en Indochine d'abord, puis en Algérie. Cette période est aussi synonyme de croissance économique, de changements sociétaux importants et d'une transformation majeure de la protection sociale et civile qui modifieront profondément l'aide humanitaire.

Trente

uses

Des conflits en Orient.

À peine l'armistice de la Seconde Guerre mondiale est-il signé que de nouveaux conflits émergent, liés notamment à la décolonisation. C'est ainsi que la Croix-Rouge française intervient en 1947 dans la guerre en Indochine, où elle est présente depuis 1892. Ses comités se consacrent à l'aide sanitaire et sociale apportée à la population civile. Elle a créé à Saigon un dispensaire-école destiné au soin des populations locales et à la formation d'infirmières. Conformément à ses statuts, elle s'intéresse aussi à la situation des soldats présents sur place. Fin 1944, face aux troubles qui agitent cette partie du monde, la Croix-Rouge française répond à la demande du Corps expéditionnaire français en Extrême-Orient (Cefeo), avec une mission composée de 49 infirmières et conductrices, afin de venir en aide aux militaires blessés et déplacés d'Indochine. Les tâches sont multiples : soins aux militaires ou aux civils blessés, gestion de foyers sociaux à destination de militaires, assistance matérielle aux soldats, aide aux prisonniers de guerre, aide à la population civile (distribution de denrées, maintien de dispensaires). Les infirmières pilotes et secouristes de l'air (IPSA) sont également mobilisées depuis mai 1945, prodiguant des soins à des milliers de blessés lors de

Mme Siffray, présidente du comité de la Croix-Rouge française de Hanoï, distribue des colis aux soldats du corps expéditionnaire français en compagnie des infirmières Wernot et Blondel, dans le Nord-Viêtnam en 1951.

"Elle a créé à Saigon un dispensaire-école destiné au soin des populations locales et à la formation d'infirmières."

convoyages en Inde, en Indochine, ou entre Paris et Saigon. En octobre 1950, la Croix-Rouge française joue un rôle prépondérant dans les échanges de prisonniers et l'information des familles. En 1956, à la suite de la défaite de la France contre le Viêt-Minh en 1954, la Croix-Rouge française se retire du territoire. Cependant, elle poursuit son activité de recherche des militaires et civils disparus par le biais de son service des recherches à Paris.

Les guerres de décolo-nisation.

Au même moment, un autre affrontement s'amorce en Afrique du Nord. L'appel à l'insurrection du Front de libération national algérien (FLN), le 1er novembre 1954, marque le début d'un nouveau conflit : la guerre d'Algérie. La Croix-Rouge française, présente depuis 1870 en Algérie, s'attache essentiellement à l'aide médicale et sociale des populations. Dès 1955, face au terrorisme, aux enlèvements et à une misère grandissante, les comités de l'association renforcent leurs dispositifs de soutien. La Croix-Rouge française constate par ailleurs les problèmes humanitaires que pose la création, par l'Armée française, de camps de regroupement destinés à soustraire les populations musulmanes aux combats comme à l'influence du FLN. L'association n'est pas entièrement libre de ses mouvements. Son statut d'auxiliaire des pouvoirs publics l'empêche d'agir sans leur approbation, encore moins contre leur gré. En mars 1959, elle obtient toutefois des autorités, le mandat et les moyens nécessaires pour mener une action sanitaire et sociale dans les centres de regroupement.

La mission Croix-Rouge française de Marcelle Barry à Calcutta en 1945.

La signature des accords d'Évian, en mars 1962, officialise le cessez-le-feu et l'accession de l'Algérie à l'indépendance. À cette date, la majeure partie de la population européenne présente en Algérie et des Algériens favorables à l'Algérie française fuit pour se réfugier en métropole. La Croix-Rouge française recentre alors son action sur l'aide aux rapatriés. De leur arrivée dans les ports ou dans les aérodromes jusqu'à leur établissement dans les départements les plus éloignés, les 600 000 rapatriés d'Algérie sont pris en charge par les comités de l'association.

Arrivés à destination, c'est également l'association qui les aide à trouver un logement, à se meubler, etc. La Croix-Rouge française s'associe par ailleurs au Comité national de solidarité pour les Français musulmans réfugiés, qui deviendra le CNMF, quand les Algériens favorables à l'Algérie française, qui ont pu fuir leur pays – majoritairement des

Deux membres d'une équipe mobile en présence de femmes berbères photographiées à Palestro en mars 1960, une commune de l'arrondissement d'Alger.

harkis, supplétifs de l'Armée française, accompagnés de leur famille –, sont rassemblés dans des camps de transit et de forestage. Ils y reçoivent la visite régulière d'assistantes sociales de diverses organisations, dont la Croix-Rouge française.

En Algérie, une délégation est cependant maintenue sur place pour assurer le transfert des missions de la société nationale en faveur des Algériens au Croissant-Rouge algérien naissant, selon les règles du Mouvement international de la Croix-Rouge et du Croissant-Rouge. Elle accompagnera aussi la création et la formation de ses premières équipes de secouristes.

"La Croix-Rouge française recentre alors son action sur l'aide aux rapatriés."

LES PREMIÈRES HÔTESSES DE L'AIR

L'hôtesse de l'air française est née de la très sérieuse et réputée amicale des Infirmières pilotes et secouristes de l'air (IPSA), corps de la Croix-Rouge française créé en 1934.

L'extension des transports aériens et l'augmentation des échanges intercontinentaux à la fin des années 1940 sont l'occasion pour la compagnie Air France de recruter des hôtesses, les premières à exercer ce métier dans l'Hexagone, à l'instar des « stewardesses » sur les lignes aériennes internationales. C'est à la porte des IPSA, en 1946, que la compagnie aérienne va frapper. Deux ans plus tard, une école est créée à Paris pour répondre aux besoins de cette activité nouvelle en plein essor. En 1954, environ 250 hôtesses sont en service, auxquelles viendront s'ajouter des hôtesses d'aéroport, mais plus seulement pour Air France. Un comité des « compagnies utilisatrices », qui s'est créé entre-temps, se réunit à la demande de l'école et recrute en fonction de ses besoins.

Jusque dans les années 2010, l'enseignement aéronautique se perpétue grâce au Centre de formation aéronautique de la Croix-Rouge française qui prépare le personnel navigant commercial (PNC), hôtesses de l'air et stewards de l'aviation civile au certificat de formation à la sécurité aéronautique.

Chantal Marchegay et Jeanne Sachot, majors de la promotion « Didier Daurat » des hôtesses de l'air navigantes de l'École des hôtesses de la Croix-Rouge française, 1967.

DEUX PIONNIERS DE LA CROIX-ROUGE FRANÇAISE

ANDRÉ FRANÇOIS-PONCET

André François-Poncet naît un 13 juin 1887 à Provins. Formé à l'École normale supérieure, agrégé d'allemand, il entame sa carrière de diplomate en 1917. Après avoir été sous-secrétaire d'État à l'Instruction publique et aux Beaux-Arts ou à l'Économie nationale, il est nommé ambassadeur, d'abord à Berlin de 1931 à 1938, puis à Rome de 1938 à juin 1940. Lors de l'unification de la Croix-Rouge française en août 1940, il fait figure d'homme idéal pour en prendre la présidence, mais il en est écarté par le représentant du Reich à Paris. Arrêté par la Gestapo en 1943, il est conduit en Autriche. Il sera libéré en mai 1945 et nommé haut-commissaire de la zone d'occupation française en Allemagne de 1949 à 1955. Sa carrière à la Croix-Rouge débute en 1949 lorsqu'il prend la présidence de la commission permanente du Comité international de la Croix-Rouge – poste qu'il occupe jusqu'en 1965. La guerre lui a donné l'expérience des hommes, la Croix-Rouge lui donne celle de l'apaisement des souffrances. En France, il préside la Croix-Rouge de 1955 à 1967. Son mandat est marqué par la guerre d'Algérie, la participation de l'association à la création du plan Orsec et l'envoi d'équipes d'urgence hors des frontières. Décoré de la Croix de guerre 1914-1918, grand-croix de la Légion d'honneur, élu à l'Académie française le 15 mai 1952, André François-Poncet décède le 8 janvier 1978 à Paris.

MARCELLE BARRY

Durant quarante-cinq ans, Marcelle Barry (1896-1989) a œuvré au sein de la Croix-Rouge française. Une longue et riche carrière qui débute en 1926, lorsqu'elle obtient son diplôme d'infirmière de l'Union des femmes de France (UFF). Suivent le diplôme supérieur en 1933, celui d'infirmière de l'air en 1935, et le brevet de pilote en 1937.

En juin 1940, à la demande des autorités militaires, elle est nommée cheffe d'équipe de la base autonome n° 1 à Manchester qui rapatrie les blessés de Dunkerque jusqu'au port de Marseille. De retour à Paris, elle est engagée dans un hôpital annexe du Val-de-Grâce. On la retrouve peu après en zone libre, où elle mène plusieurs missions, notamment des évacuations d'enfants. La guerre terminée, Marcelle Barry prend la tête de la mission de la Croix-Rouge française détachée auprès du Corps expéditionnaire français en Extrême-Orient (Cefeo). Un engagement qui lui vaut la Légion d'honneur en 1946. Fin 1948, elle part pour le Moyen-Orient, où la guerre dite de Palestine occasionne le déplacement de populations dans les pays limitrophes. Elle y organise dans l'urgence, à la demande du CICR, des équipes de secours pour les Palestiniens et établit des camps de réfugiés au Liban, en Transjordanie, en Syrie et même en Irak. Son poste lui confère un rang et une autorité exceptionnels. De retour en France en 1949, elle devient directrice du service d'urgence qui répond au principal objectif des Conventions de Genève signées en 1949 : la protection des populations civiles. Cela se traduit par des interventions nationales et internationales, la préparation des équipements des relais d'urgence, la formation des cadres techniques de la protection civile... De 1949 à 1968, la Croix-Rouge française a plus d'une fois l'occasion d'activer ce service : séismes, rapatriements, inondations, guerres, aide aux réfugiés...

Marcelle Barry prend sa retraite en juillet 1971 et décède en 1989. Reste son héritage : son rôle majeur dans la structuration et surtout dans la mutation de la Croix-Rouge française de l'après-guerre.

Mieux cibler les populations fragiles.

Dans les décennies qui suivent la fin de la guerre, à côté de l'aide d'urgence résultant de situations de guerre ou de catastrophe, la Croix-Rouge française structure et précise progressivement son action régulière et permanente auprès des personnes vulnérables, démunies, malades, âgées ou handicapées, entreprise en 1919. Dans le domaine social et médico-social, l'association a suivi, parfois devancé, l'évolution des politiques publiques en France. Du reste, la notion de protection sociale bâtie par les gouvernements successifs lui donne plus d'une fois l'occasion de se présenter comme un acteur indispensable. Elle ne cesse de modifier l'éventail de ses activités, d'adapter ses établissements, de faire évoluer ses méthodes.

Les restrictions alimentaires et énergétiques, ainsi que les conditions d'hygiène imposées par la guerre ont largement affaibli les populations les plus fragiles. Il en résulte une surmortalité infantile tandis qu'un tiers des enfants présentent des problèmes de croissance. Dès 1945, la IVe République institue l'État-providence avec la création de la Sécurité sociale, qui vise à prémunir la population contre les risques sociaux. Dès lors, le gouvernement se dote d'un arsenal législatif pour renforcer la protection sanitaire et sociale de ses concitoyens. L'une des premières grandes mesures est l'instauration de la protection maternelle et infantile (PMI). L'association, dont les dispositifs dans ce domaine sont en place depuis plus de vingt ans, l'inscrit dans ses statuts tant l'enjeu est de taille :

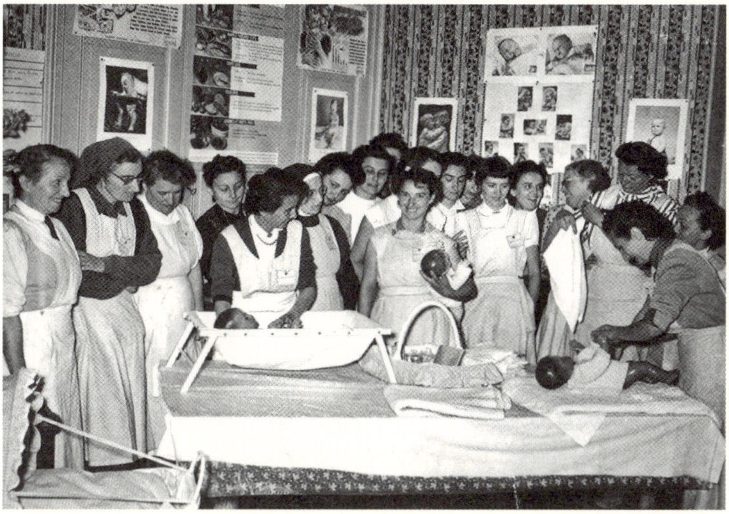

Cours de soins au foyer dispensés par des monitrices spécialisées. Le *home nursing* est un enseignement né aux États-Unis, qui a trouvé un écho à la Croix-Rouge française dès 1949. Il permet de prodiguer des soins journaliers aux malades demeurant à leur domicile. Connu sous le vocable de « soins au foyer », il est devenu « santé au foyer » en 1962.

« La Croix-Rouge française participe à tous les efforts de protection sanitaire, étendant son action continue en dehors des calamités, notamment en ce qui concerne la mère et l'enfant. » Entre 1945 et 1951, en appui aux préfectures, 17 camions de consultation de nourrissons de la Croix-Rouge française sillonnent la campagne de 14 départements pour atteindre les lieux isolés.

L'association gère, durant les Trente Glorieuses et bien au-delà, une douzaine de colonies de vacances, 20 aériums et sanatoriums, 5 maternités, 62 gouttes de lait, 2 lactariums et jusqu'à 40 pouponnières, crèches et jardins d'enfants, répondant aux besoins du baby-boom et des femmes qui commencent à travailler. Elle ouvre ses premières crèches à domicile en 1967. Elle assure aussi, un temps, un service d'adoption.

C'est aussi par le biais de l'enfance que la Croix-Rouge française aborde la question du handicap, en reconvertissant ses aériums et préventoriums. En 1955, elle ouvre au Pech-Blanc (82) son premier institut médico-pédagogique (IMP), et au Chambon-sur-Lignon (43) son premier institut médico-professionnel. Un an plus tard, l'État réglemente les conditions d'agrément des établissements privés pour les « enfants inadaptés ». Elle crée à Montain (39), en 1958, le premier établissement pour enfants hémophiles, qui leur permet de suivre une scolarité normale dans un environnement médical adapté, et, en 1967, à Saint-Cyr-au-Mont-d'Or (69), le premier centre de soins pour les enfants atteints de spina-bifida. Pour donner une suite aux actions menées dans ses IMP et favoriser l'insertion professionnelle, la Croix-Rouge française inaugure en 1974 son premier centre d'aide par le travail à Montélimar (26).

Cours de secourisme, spécialisation puériculture, donné à Toulon en 1958. Dans les années 1960, une vingtaine d'écoles forment les auxiliaires de puériculture de la Croix-Rouge française.

Déjà entamée par de nombreux comités en région, l'aide aux personnes âgées devient dès 1949 l'une des missions auxquelles la Croix-Rouge française attache une attention particulière. Elle ouvre sa première maison de retraite en 1956 à Antibes (06). Suivront celles de Champsfleur, au Mesnil-le-Roi (78), en 1957, de Carignan (08) en 1960... Pour les personnes âgées autonomes, elle crée son premier foyer-logement à Sartrouville (78) en 1969. À Issy-les-Moulineaux (92), cette même année, son centre d'accueil de jour va compléter l'action d'un service de gérontologie. Car, à l'instar des politiques publiques, et surtout des principaux concernés, l'association veut favoriser le maintien à domicile. Elle propose des formations aux familles, dans ce sens, depuis 1945. En 1955, l'Association de médecine rurale alerte le ministère de la Santé publique et de la Population sur les grandes difficultés à intervenir en zones rurales, particulièrement auprès des plus anciens. La Croix-Rouge française participe aux études et lance l'année suivante un programme de soins à domicile, en privilégiant les zones rurales, d'abord en Seine-Maritime, en Ille-et-Vilaine et dans la Nièvre. En 1962, 32 services sont en place et l'association oriente la création de nouveaux centres en milieu urbain, dans les grands ensembles.

"L'association a suivi, parfois devancé, l'évolution des politiques publiques en France."

À partir de 1945 et jusque dans les années 1990, à la demande de l'administration pénitentiaire qui crée des infirmeries dans les prisons, les infirmières de la Croix-Rouge française seront les premières et les seules à soigner en milieu carcéral.

Enfin, en suivant les priorités données par la Ligue au niveau international, l'association soutiendra l'État dans son action en faveur de la transfusion sanguine et du don du sang, favorisés par la rapide évolution des techniques médicales. Ainsi, de la création du Centre national de transfusion sanguine en 1949 jusque dans les années 1990, elle participe à l'information du public, au recrutement des donneurs et à la collecte.

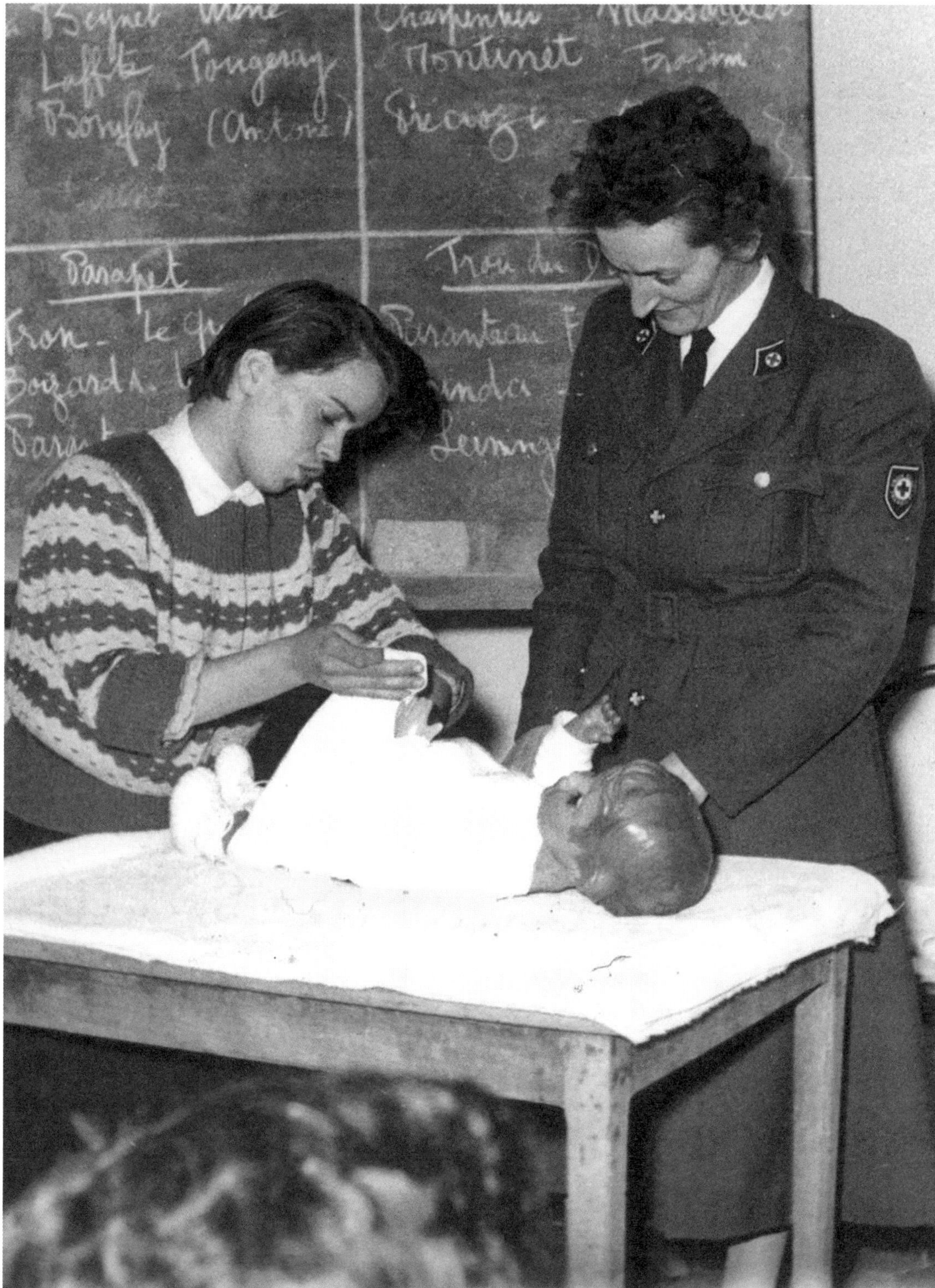
Montinet
Parapet

Être à la pointe de la formation.

Corollaire incontournable de ces dispositifs, la formation des professionnels dispensée par la Croix-Rouge se diversifie et se spécialise face au développement des besoins, des connaissances et des techniques. En 1951, l'association ouvre une formation de cadres infirmiers. Sur cette base, en 1973, l'État crée un certificat d'aptitude aux fonctions d'infirmières cadres de santé publique. En 1966, l'association propose aux élèves de son école de Marseille une spécialisation pour les interventions en salle d'opération. Un certificat d'aptitude sera créé par l'État en 1971 et le diplôme d'infirmier de bloc opératoire en 1992. Il en sera de même pour les kinésithérapeutes, les puéricultrices ou les aides médico-sociales formés par l'association.

Certains métiers, issus du bénévolat, se professionnalisent : les conductrices-ambulancières donnent naissance à la formation d'ambulancier et disparaîtront avec le développement du secteur privé dans les années 1970.

Lorsque l'État légifère en 1972 sur la formation professionnelle continue, l'association entame une réflexion pour adapter certains programmes. Les formations « Santé au foyer »

Élèves d'une école de la Croix-Rouge française dans les années 1950.

proposées aux aides ménagères pour les personnes âgées depuis 1969 et au personnel de crèches familiales en sont les premières expériences.

Les effets de la guerre laissent la France dans une crise redoutable du logement ; l'œuvre de reconstruction sera longue. Taudis, bidonvilles, habitats insalubres… on ne qualifie plus les lieux où vivent et cohabitent ces laissés-pour-compte de la croissance. Une misère cachée, qui entraîne de profonds déséquilibres sociaux. En 1953, 20 000 personnes âgées sont aidées par les comités du seul département de la Seine. Toutes ces actions sont menées par les équipes de secourisme, activité qui se définit encore au sens large, allant du secours aux accidentés à la distribution alimentaire, en passant par les actions d'aide communautaire et de proximité.

LA CROIX-ROUGE FRANÇAISE EN ALLEMAGNE

Entrée en Allemagne en mars 1945 avec les Alliés, la Croix-Rouge française y est restée bien après la fin du rapatriement des prisonniers de guerre et des déportés. Son action se tourne alors essentiellement vers les militaires de la zone d'occupation française (ZOF), créée le 26 juillet 1945, et leurs familles.

L'activité sans nul doute la plus marquante de la Croix-Rouge française en Allemagne demeure celle des sanatoriums spécialisés dans le traitement de la tuberculose en Forêt-Noire. Placés sous l'autorité du Service de santé des armées, ils sont gérés et dirigés par l'association à partir de décembre 1945. Ils accueillent les tuberculeux, les convalescents ou les rapatriés dont l'état de santé ne permet pas un retour immédiat en France. L'association dirige aussi des foyers de soldats, ainsi que des centres pour les permissionnaires dans les zones nord et sud de la ZOF, y compris à Berlin.

Elle prend sous son aile des aériums publics (structures destinées aux enfants) et les colonies de vacances de la progéniture des troupes d'occupation.

On trouve également des pouponnières établies à la demande de la direction des personnes déplacées du Gouvernement militaire de la zone française d'occupation (GMZFO). Assistantes sociales et infirmières y recueillent les enfants nés en déportation, les enfants non allemands retrouvés un peu partout en Allemagne, ainsi que les enfants de militaires français, nés de mères allemandes.

La présence de la Croix-Rouge française en Allemagne arrive à son terme dans les années 1950 lorsque disparaît le statut d'occupation. Elle quitte également l'Autriche avec le départ des dernières troupes d'occupation en 1955.

Un important groupe constitué d'infirmières, d'assistantes sociales et de conductrices est en partance pour l'Allemagne, 1945.

Formalisation de la protection civile.

Forte de son expérience et de ses équipes bénévoles, la Croix-Rouge française devient l'un des éléments moteurs, avec la police, les pompiers et les gendarmes, du plan d'organisation des secours (Orsec) créé en 1952 pour faire face aux calamités publiques. Orsec regroupe et coordonne des acteurs publics et privés concourant à la protection générale des populations. Dès la création du plan Orsec, la Croix-Rouge française est intégrée dans le programme de formation des cadres des services chargés de la protection des populations civiles contre les risques en temps de paix comme en temps de guerre. Par un décret de 1954, le ministère de l'Intérieur crée l'École nationale de la protection civile à Nainville-les-Roches. La Croix-Rouge française fait partie du conseil de perfectionnement.

> "Dès la création du plan Orsec, la Croix-Rouge française est intégrée dans le programme."

RÉTABLIR LES LIENS FAMILIAUX

En France, un service spécifique est créé en juin 1940 afin de répondre à l'inquiétude des familles de soldats et aux demandes qui affluent. Les militaires et prisonniers de guerre font l'objet des premières interventions, suivis de près par les civils. L'essentiel des actions de recherche de la Croix-Rouge française se fait tout d'abord dans le cadre de sa présence en Allemagne auprès des Alliés de la Seconde Guerre mondiale. Elle a pour rôle de relier à leur famille les anciens prisonniers de guerre, internés civils et déportés. En 1959 est créé en France un service permanent, sur le modèle de l'agence centrale de recherches du CICR. Son objet : les disparitions pour cause de guerre touchant des Français et les cas liés au regroupement familial ou répondant à une nécessité humaine ou sociale. L'attention se porte surtout sur les disparitions, dans une Europe touchée par le conflit mondial qui a séparé des milliers de familles. Puis le conflit algérien (1954-1962) prend le relais.

La fin de la dictature stalinienne en URSS permet à des personnes ayant fui la révolution de 1917 en Russie d'entamer des recherches pour renouer avec leurs parents. Les conflits au Moyen-Orient, au Congo, au sud du Viêtnam, font émerger de nombreuses demandes. En 1976, la moitié des nouveaux dossiers concernent les réfugiés du Sud-Est asiatique accueillis en France (1975-1985).
Alors que débute la guerre au Liban (1975-1990), l'activité prend une ampleur exceptionnelle. En un an, près de 80 000 demandes sont enregistrées. Mis en place dès 1975, un fichier unique en France permet, par recoupement, le regroupement des familles, l'identification des mineurs isolés et leur placement, l'accueil et le traitement des dossiers des réfugiés.

La prolifération des conflits (Liban, Iran, Irak, Rwanda, Kosovo...) à partir des années 1980 et l'internationalisation des interventions humanitaires engendrent un fort développement des activités du service. Le Réseau mondial des liens familiaux du Mouvement international de la Croix-Rouge et du Croissant-Rouge se structure sous la houlette de l'agence centrale du Comité international de la Croix-Rouge. Présent dans plus de 190 pays, il est le seul dans le paysage humanitaire international à pouvoir ainsi répondre aux besoins des personnes affectées par les guerres (Ukraine), les crises humanitaires ou les situations de violences (Afghanistan,

Un bureau du service des recherches
pendant la Seconde Guerre mondiale.

Éthiopie), mais aussi les catastrophes (tsunami en Asie du Sud-Est, ouragan Irma aux Antilles) et, depuis quelques années, les séparations liées à l'exil. Les risques accrus de rupture des liens familiaux ou de naufrage sur les routes migratoires maritimes, en particulier en Méditerranée, mobilisent de plus en plus la mission.

2016 marque aussi un tournant, avec l'adoption d'une loi reconnaissant la mission d'intérêt général du rétablissement des liens familiaux, permettant à la Croix-Rouge française de solliciter auprès des administrations des informations sur les personnes recherchées.
Garant des droits des familles, le service des recherches de la Croix-Rouge française, devenu mission statutaire de rétablissement des liens familiaux (RLF), s'organise désormais autour de trois programmes : recherches, réunifications familiales, opérations.

Former bénévoles et grand public.

Si la formation professionnelle est très utile aux acteurs sociaux qui agissent auprès des laissés-pour-compte des Trente Glorieuses, la formation du grand public et des équipes bénévoles est un enjeu majeur pour l'association. Pour les citoyens, elle propose, dès 1949, un programme dédié aux « soins au foyer », qui vise à rendre autonomes les familles désireuses de soigner leurs malades à domicile, afin de limiter le recours à l'hospitalisation. De même, en 1966 apparaissent les « gestes qui sauvent », sous le nom de « Quatre gestes pour une vie », pour l'apprentissage des premiers gestes d'urgence. Pour ses propres équipes, la Croix-Rouge française développe un enseignement de plus en plus spécialisé. Né de la guerre, le secourisme est en constante progression depuis 1945. L'enseignement mis en place par l'association depuis 1943 servira de base à l'État pour l'harmonisation de la formation et la création du brevet de secourisme en 1952. À un enseignement de base, la Croix-Rouge française ajoute des cours facultatifs plus spécifiques, destinés à compléter la formation des secouristes en fonction des besoins relevés sur le terrain et des attentes du réseau : secourisme nautique, en montagne, en milieu sportif, en usine, propagandistes d'hygiène et de puériculture, mais aussi chef d'équipe et monitorat. Entre 1945 et 1972, la Croix-Rouge française forme ainsi 1 million de secouristes. Un enseignement à caractère éducatif, qui attire la jeunesse, et dont le diplôme devient un atout sur le marché du travail.

Ces équipiers actifs sont à pied d'œuvre lors des inondations en Moselle (1947) ou dans le Sud-Ouest (1949, 1952, 1960...), lors du tremblement de terre d'Orléansville (département d'Alger, aujourd'hui Chlef) en 1954, lors de la rupture du barrage de Malpasset en 1959 ou de l'éboulement des

"Compléter la formation des secouristes en fonction des besoins relevés sur le terrain."

Intervention de secouristes de la Croix-Rouge française dans les rues de Paris lors de la manifestation des lycéens du 12 juin 1968 dans le prolongement de celles de mai 1968. Ils utilisent à cette occasion – fait rare – des masques à gaz pour se protéger de la fumée des grenades lacrymogènes.

carrières de Clamart (qui fait 21 morts) en 1961. Lors des grèves des pompes funèbres, en 1950, sur demande de la préfecture de la Seine, des équipes de la Croix-Rouge française sont mobilisées pour l'enlèvement des corps, la mise en bière, le transport des cercueils. Durant l'été 1953, lors d'une grève nationale particulièrement suivie dans les transports en pleine période de vacances, elles mettent en place des centres d'accueil pour les voyageurs bloqués dans les gares. Les mouvements sociaux de mai et juin 1968 ont, eux, une résonance particulière. Sur le terrain, positionnés entre les manifestants et les forces de l'ordre, des centaines de secouristes évacuent les blessés des deux côtés vers les hôpitaux proches des manifestations. Ils ne sont pas épargnés par la violence des affrontements et se sentent concernés par les débats, au même titre que l'ensemble de la population. Sans déroger au principe de neutralité de la Croix-Rouge, les cadres affirment que les comités, où ont lieu des discussions parfois intenses, doivent être des lieux d'échanges ouverts et de décisions collégiales. La crise qui touche la France a mis en exergue le besoin de changement ressenti par les nouvelles générations de bénévoles. Une plus grande place est alors donnée aux jeunes dans les organes de décision au sein du réseau.

Secours à l'étranger : vers une nouvelle ère.

Hors du territoire français, la Croix-Rouge française intervient en appui des acteurs du Mouvement international de la Croix-Rouge et du Croissant-Rouge. En 1953, face au raz de marée qui ravage la Hollande, la Grande-Bretagne et la Belgique, elle envoie à la Croix-Rouge néerlandaise plusieurs tonnes de vêtements, charbon, alimentation, un bulldozer et des dons en espèces collectés auprès de la population française. La même année, à la suite du séisme qui a touché la Grèce, une équipe d'infirmières est déployée auprès de la Ligue afin de monter un village pour les sinistrés. Lorsque l'Arno submerge la ville de Florence en 1966, la Croix-Rouge française est la première à envoyer des secours à la Société nationale italienne. Elle se mobilise encore en 1970, après le séisme qui frappe le Pérou, faisant 70 000 morts et plus de 800 000 sans-abri, en envoyant 45 bungalows et plusieurs tonnes d'aide alimentaire, de vêtements et de médicaments à la Croix-Rouge péruvienne. L'intervention est également d'ordre sanitaire. Pour endiguer les épidémies de variole et de choléra qui sévissent au Pakistan et en Thaïlande en 1958, ce sont des vaccins qui sont envoyés.

La Croix-Rouge française intervient également dans plusieurs conflits internationaux nés de l'héritage de la Seconde Guerre mondiale et du nouvel équilibre qui en a résulté : la Palestine (1948), la révolution hongroise (1956-1957), la crise du canal de Suez (1956)... En ce milieu des années 1950, les conflits ouverts sont multiples et la guerre froide fait craindre une guerre atomique. Durant la guerre civile au Yémen, en 1964, la

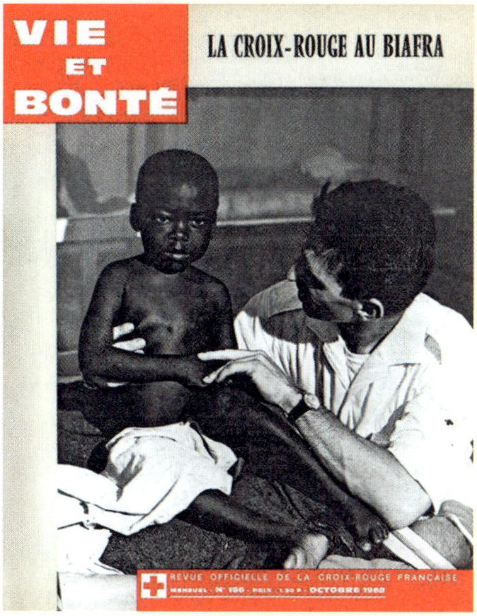

Couverture d'octobre 1968 du magazine *Vie et Bonté* sur la crise du Biafra.

Croix-Rouge française joint trois médecins à l'équipe du CICR. Lors de la guerre des Six-Jours, au Moyen-Orient, pour appuyer l'action en faveur des réfugiés et des civils, elle expédie au CICR, au Croissant-Rouge égyptien et au Croissant-Rouge jordanien plusieurs tonnes de denrées, de médicaments et de vêtements.

Le conflit qui s'ouvre au Biafra va changer le visage de l'aide humanitaire. Depuis son indépendance en 1960, la république fédérale du Nigeria connaît de fortes tensions interethniques. Subissant persécutions et massacres des deux ethnies dominantes que sont les Haoussas et les Yorubas, les Ibos se révoltent, d'autant qu'un récent découpage administratif les prive de leurs ressources pétrolières. Le 30 mai 1967, ils font sécession et proclament l'indépendance de la nouvelle république du Biafra. Très vite, les combats font rage entre troupes fédérales et biafraises. Confronté aux exécutions sommaires de prisonniers et aux massacres de civils, le CICR lance un appel pour un respect bilatéral des règles humanitaires. Il sera peu suivi d'effet. Il envoie des délégués, ainsi que des équipes médicales et de secours dans les deux camps. En mai 1968, les Nigérians encerclent 8 millions de Biafrais et provoquent une famine meurtrière. Malgré un pont aérien mis en place par le CICR pour acheminer denrées et médicaments aux populations des camps, la situation s'aggrave.

Parallèlement, d'un commun accord avec le Comité français pour la campagne mondiale contre la faim, la Croix-Rouge française, appuyée par le gouvernement, lance une campagne télévisée pour récolter des fonds. Une première. L'impact est immédiat : en quelques jours, les Français font don de plus de 10 millions de francs.

En lien avec ses partenaires, la Croix-Rouge française affrète des avions, réunit des volontaires et rassemble des denrées, du plasma et des médicaments, qu'elle achemine au Biafra, malgré le blocus nigérian et les tirs de canons antiaériens. Des équipes médicales sont envoyées dans les hôpitaux pour soigner les enfants dénutris. En janvier 1970, le dernier bastion des troupes sécessionnistes tombe aux mains de l'armée fédérale. L'action humanitaire se poursuit sur le terrain.

Montée en puissance des ONG.

Parmi les médecins français qui ont répondu à l'appel de la Croix-Rouge française et du CICR au Biafra, quelques-uns critiquent l'action du gouvernement nigérian et du CICR, allant même jusqu'à contrevenir à ses consignes. Désireux de mener à bien des actions humanitaires de manière totalement indépendante des États, ils prônent l'ingérence.

Femmes et enfants recevant leur ration de nourriture dans un camp de réfugiés, Nigeria, 1969.

En décembre 1971, ce groupe de *French doctors* – parmi lesquels Bernard Kouchner et Max Récamier, suivis d'une poignée de journalistes – annonce la fondation de Médecins sans frontières (MSF). Cette nouvelle forme d'organisation, qui affirme sa liberté de parole et d'actes, cherche tout à la fois à s'affranchir des frontières, à rompre avec les anciennes méthodes en matière de droit humanitaire, voire, s'il le faut, à aller contre la volonté des pouvoirs en place. C'est le début du développement des organisations non gouvernementales (ONG).

L'ASSISTANCE AUX SOCIÉTÉS SŒURS D'AFRIQUE

Depuis la disparition des colonies françaises d'Afrique noire et d'Afrique du Nord, la Croix-Rouge française mène une action d'assistance au bénéfice et à la demande des nouvelles sociétés sœurs fondées dans le courant des années 1950 et 1960, à Madagascar, en Tunisie, au Bénin ou encore au Sénégal. L'aide aux sociétés sœurs d'Afrique se concrétise par l'envoi de secours, de matériel, de manuels, ainsi que par la présence de stagiaires étrangers dans les centres d'instruction de la Croix-Rouge en métropole. Outre l'organisation de stages de perfectionnement des cadres du secourisme, l'association met des monitrices et des instructeurs confirmés à la disposition de certains centres de formation et écoles d'infirmières situés en Afrique.

Preuve d'une durable implantation du secourisme en Afrique francophone, les docteurs Calu et Diop-Mar publient en 1964, aux éditions Flammarion, un manuel de *Secourisme en Afrique de l'Ouest*, qui a pour particularité, outre le fait de développer une vision universelle du secourisme, de consacrer une partie non négligeable de ses pages aux questions plus proprement africaines, comme l'hygiène tropicale.

En 1982, un ambitieux programme national d'aide au développement des sociétés de la Croix-Rouge et du Croissant-Rouge d'Afrique noire francophone et de Madagascar est lancé, dans un esprit de décentralisation. Huit groupements régionaux, coordonnés à l'échelle nationale par un conseil interdépartemental, prennent chacun en charge plusieurs pays d'Afrique.

Les en
d'un n
monde

(1974–2004)

jeux

ouveau

Une crise économique qui s'amplifie, une mondialisation qui entraîne un changement de positionnement des associations et des ONG, des guerres qui éclatent... Face à tous ces défis, la Croix-Rouge s'adapte, soucieuse de bâtir une action humanitaire durable au service de la personne.

Être partout dans le monde.

Depuis 1945, la Croix-Rouge française s'est forgé une solide réputation dans la réponse humanitaire à l'urgence hors des frontières nationales. Un personnel bien formé et encadré, ainsi qu'une capacité à se mobiliser rapidement et à récolter des fonds en un laps de temps assez court sont les clés d'un succès renouvelé. En vue des missions internationales qu'elle mène au cours des années 1980, la Croix-Rouge française se professionnalise plus encore. Ses interventions à l'international portent sur trois aspects bien distincts, dont certains s'inscrivent sur la durée : porter secours aux populations victimes de catastrophes naturelles ou de conflits armés ; entretenir des liens avec les sociétés sœurs nées de la décolonisation et soutenir leur développement ; enfin, nouer des contacts avec les sociétés nationales étrangères, surtout celles du bloc de l'Est (Pologne, URSS…).

"Porter secours aux populations victimes de catastrophes naturelles ou de conflits armés."

Campagne « Aidez la Croix-Rouge à aider le tiers-monde », 1983.

Connectée au monde et à ses drames, la Croix-Rouge française est par ailleurs aux côtés de l'État lorsque des crises humanitaires surviennent. C'est notamment le cas quand la guerre du Viêtnam se termine en avril 1975. La victoire du Viêtnam du Nord communiste sur le Viêtnam du Sud soutenu par les Américains est le prélude à une vague d'émigration sans précédent dans la région. Trois millions de Vietnamiens, de Cambodgiens, de Laotiens fuieront leur pays par la terre (*land people*) ou la mer (*boat people*). En 1974, la France, touchée par le chômage et la crise pétrolière, ferme ses frontières à l'immigration économique. Pourtant, un an après, face à l'urgence humanitaire, l'État décide d'accueillir ces réfugiés venus d'Asie du Sud-Est. La Croix-Rouge française, jusque dans les années 1990, aux côtés d'autres associations, jouera un rôle majeur dans les dispositifs d'accueil, d'hébergement, d'aide et d'assistance sociale, de rétablissement des liens familiaux.

Utiliser les médias.

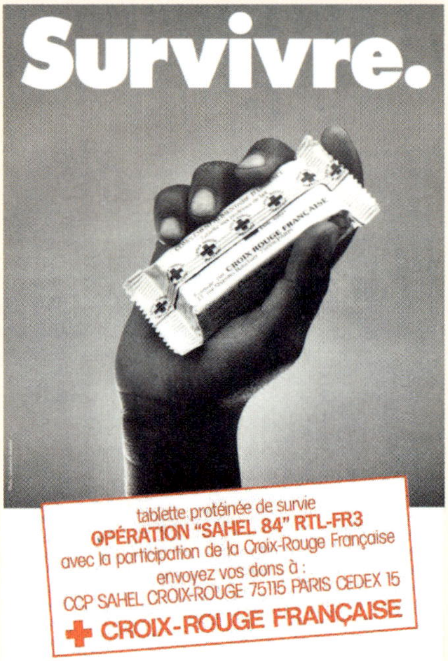

Le conflit du Biafra a fait entrer la Croix-Rouge française dans l'ère de la médiatisation. Pour la première fois, avec l'opération « Sahel 84 : les camions de l'espoir », elle a pour partenaires de grands médias (RTL, FR3...). Ce relais médiatique permet de sensibiliser de manière durable l'opinion publique au drame qui se joue. L'idée de l'opération est lancée le 15 janvier 1984 lorsque, dans l'émission *Sept sur sept* animée par Anne Sinclair, le cardinal Jean-Marie Lustiger imagine un rallye de solidarité pour lutter contre la famine au Sahel. Grâce aux 80 millions de francs récoltés par l'appel aux dons, plus de 30 camions acheminent 6 millions de tablettes protéinées de la Croix-Rouge française, du matériel, des médicaments, des produits de l'Unicef et du Secours catholique dans les pays touchés par la famine. Les aides alimentaires classiques, elles, sont proscrites pour ne pas déstabiliser les programmes d'aide déjà existants. Les tablettes protéinées de lait, créées en 1982 par la Croix-Rouge française, possèdent des avantages multiples : elles ont une valeur nutritionnelle maximale avec un encombrement physique minimal et sont prêtes à être consommées. À partir de cette crise, la Croix-Rouge française utilisera tous les canaux médiatiques à sa disposition.

JEAN-MARIE SOUTOU : UN PRÉSIDENT PORTEUR DE CHANGEMENT

Jean-Marie Soutou, né en 1912, débute dans le monde du travail en tant qu'électricien et achève son parcours professionnel comme ambassadeur de France, puis secrétaire général du ministère des Affaires étrangères. C'est un Européen convaincu, gagné aux idées des chrétiens sociaux de son temps. Dans les premières années de la Seconde Guerre mondiale, au travers de l'Amitié chrétienne, puis de l'organisation Jeune France, il s'engage dans la Résistance et vient en aide aux Juifs persécutés de la région lyonnaise. Il fait d'ailleurs partie des « Justes parmi les nations » honorés par le mémorial Yad Vashem de Jérusalem.

Arrêté, il est emprisonné quelques semaines à Montluc. Il passe alors clandestinement en Suisse où il trouve refuge. C'est là qu'il commence sa carrière de diplomate. À l'heure de la retraite, en 1978, Jean-Marie Soutou est élu à la présidence de la Croix-Rouge française. Son mandat est marqué par un grand programme de rajeunissement, de nouvelles conceptions sociétales et humanitaires, des innovations pédagogiques, une coopération de plus en plus soutenue avec les médias... Il sera aussi un grand défenseur du principe de neutralité, indissociable de l'action de l'association : « Il faut maintenir l'autonomie du champ humanitaire par rapport au champ politique, assurer une rigoureuse fidélité aux principes de neutralité, de non-discrimination, au refus des distinctions d'idéologie, de religion, de race ou de classe[1]. » Il meurt le 10 septembre 2003, à l'âge de 91 ans.

[1] *Présence Croix-Rouge*, n° 309, janvier-février 1983.

Mener la Croix-Rouge vers l'an 2000.

Conscient de la nécessité d'un changement d'ampleur pour s'adapter aux conditions de la vie moderne, affronter la crise qui se dessine et aborder l'an 2000 sereinement, le Mouvement international de la Croix-Rouge et du Croissant-Rouge s'interroge sur l'avenir de ses activités[1].

En France, le congrès de mai 1975 réunit pour la première fois tous les acteurs de l'association pour définir les conditions d'une meilleure adaptation de la Croix-Rouge française aux enjeux d'un monde en pleine mutation. Il est précédé d'un immense chantier de préparation de deux ans, sollicitant l'ensemble des bénévoles et salariés pour définir les orientations d'actions à venir. C'est dans ce contexte que la Croix-Rouge française choisit de mettre en place des « plans stratégiques » de lutte contre les problèmes sociaux : identifier

Les actions solidaires, une nouvelle approche de l'action sociale. Affiche des années 1980 pour la collecte de vêtements.

les besoins non couverts dans les départements, les expériences menées, être dans une démarche prospective et coordonnée. Elle formalise et organise ainsi une action qu'elle menait depuis 1945. Ces plans reposent sur cinq domaines d'action : la famille, la lutte contre le refus du droit à la différence, l'éducation civique et humanitaire, l'insécurité et la prise en charge des personnes retraitées.

Les efforts de démocratisation, de rajeunissement et de renouvellement des membres élus entamés à la fin des années 1960 se poursuivent dans les années 1970, notamment en limitant l'âge des élus et le nombre de mandats. La composition socioculturelle de la population des élus des comités locaux n'a désormais plus grand-chose à voir avec celle des comités d'avant-guerre : toutes les catégories socioprofessionnelles y sont représentées.

[1] Donald D. Tansley, « Rapport final. Un ordre du jour pour la Croix-Rouge : réévaluation du rôle de la Croix-Rouge », Genève, Institut Henry-Dunant, 1975.

"Une meilleure adaptation de la Croix-Rouge française aux enjeux d'un monde en pleine mutation."

Des services de pointe, pour tous.

Dans les années 1970, la Croix-Rouge française poursuit la dynamique de transformation et de modernisation de ses établissements. Cette démarche s'inscrit dans un contexte plus large, celui d'une réglementation qui redessinera et précisera leurs champs d'action. Jusqu'en 1970, les hôpitaux assurent le soin et tiennent lieu d'hospices pour personnes âgées, personnes handicapées ou inadaptées, indistinctement et sans savoir-faire particulier en matière d'accueil social et médico-social. La loi Boulin du 31 décembre 1970 recentre les hôpitaux sur les seules activités sanitaires. Considérée comme la charte hospitalière fondamentale du droit sanitaire français contemporain, elle fonde le service public hospitalier, auquel participe le secteur privé, et crée la carte sanitaire, pour rationaliser le système hospitalier à partir du recensement des besoins de la population. Objectif : réorganiser un système permettant l'égalité d'accès aux soins dans le cadre d'une médecine de grande qualité. La Croix-Rouge française, dont les établissements couvrent tout le territoire, réaffirme sa volonté d'être assimilée au service public hospitalier et non aux cliniques privées, pour un large accès au soin de la population. Elle a d'ailleurs entamé, dès les années 1960, une reconversion et une modernisation de ses structures sanitaires, en les dotant de technologies de pointe. Pour le traitement du cancer, elle crée en 1962, à Nantes, un centre de cobalthérapie. Dans le Var, elle transforme en 1968 son dispensaire vieillissant de

"Réorganiser un système permettant l'égalité d'accès aux soins dans le cadre d'une médecine de grande qualité."

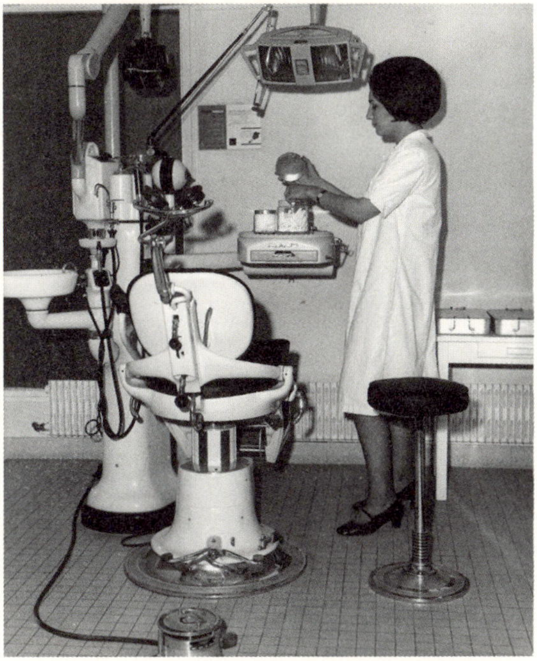

Centre médico-social Yolande-de-Pailleret, rue Sorbier en 1969 à Paris.

Toulon en centre de radiothérapie équipé d'une bombe au césium 137. Il n'en existe alors que deux en France.

Une autre loi, celle du 30 juin 1975 relative aux institutions sociales et médico-sociales, publiques et privées, distingue et autonomise à son tour les champs du social et du « médico-social », concept nouveau qui permet de médicaliser des structures d'accueil pour les personnes vulnérables. Elle permet un accompagnement adapté qui prend en compte les besoins des personnes dans leur globalité.

En 1979, la Croix-Rouge française, ouvre sa première section médicalisée dans les locaux de sa maison de retraite de Nîmes. L'association multiplie aussi les services d'aide ménagère pour permettre le maintien à domicile des personnes âgées dans de bonnes conditions et lutter contre leur isolement. Un service qui va rapidement s'étendre aux personnes en situation de handicap. En 1982, le nouveau service des auxiliaires de vie est expérimenté pour la première fois par la Croix-Rouge française en Charente. En 1989, ce sera le portage de repas à domicile.

LE VIH, UN NOUVEAU DÉFI

Identifié en 1983, le virus responsable du syndrome d'immunodéficience acquise (sida) devient en quelques années l'une des maladies infectieuses les plus meurtrières. Outre les mesures gouvernementales axées sur la prévention et la responsabilisation, des actions menées par des associations contribuent à lutter contre la maladie.
Avec des milliers de personnes contaminées et des centaines de décès dès le milieu des années 1980, des mesures sont adoptées en France pour freiner la propagation du sida : en 1985, le dépistage obligatoire en vue des dons de sang ; en 1986, la déclaration obligatoire et anonyme des cas ; en 1987, la vente libre des seringues en pharmacie. Le Mouvement international de la Croix-Rouge et du Croissant-Rouge prend la résolution d'intégrer le VIH à ses programmes d'action. Les sociétés nationales développent trois domaines essentiels d'intervention : l'éducation et l'information pour la prévention ; les soins, le soulagement et le conseil ; enfin, la lutte contre la discrimination.

Dans le cadre de son appel d'offres pour la mise en œuvre d'un plan de lutte contre le virus, l'Agence française de lutte contre le sida (AFLS), fondée en 1989 par le gouvernement, choisit la Croix-Rouge française comme partenaire, la mettant au premier plan du combat contre le virus en France. Sa mission : former les personnels de santé de ses établissements et des bénévoles, soit 1 300 personnes au total. Cette formation de huit mois vise à sensibiliser et à préparer l'accueil, l'écoute, le soutien et l'aide des séropositifs, des malades et de leurs familles, en liaison étroite avec les 500 structures médicales de la Croix-Rouge française. Le plan de lutte vise aussi le développement de deux dispensaires pilotes en Île-de-France : l'un accueille des personnes marginalisées par la maladie ou par leur mode de vie, notamment des professionnels du sexe ; l'autre reçoit des personnes immigrées nécessitant une prévention adaptée.

Unité mère-enfant de la Croix-Rouge française, au Congo, destinée aux personnes concernées par le VIH.

Des initiatives originales se multiplient sur tout le territoire. Les comités de l'association organisent des expositions, des forums sur le sida, des réunions d'information-discussion, des projections de films et des jeux-tests animés par des médecins à destination, avant tout, des scolaires. Une centaine de valises pédagogiques sur le sida sont réalisées pour les besoins des conseils départementaux en 1991. L'année 1994 est marquée par la suppression de l'AFLS, dont les compétences sont transférées à la direction générale de la Santé, avec un renforcement des stratégies locales. Des associations comme Aides – présente sur le terrain depuis 1984 – prennent le relais de la prévention, du soutien et de l'information.

En 1997, lorsque le professeur Marc Gentilini, président fondateur de l'Organisation panafricaine de lutte pour la santé (Opals), accède à la présidence de la Croix-Rouge française, les deux organisations signent une convention officialisant un rapprochement pour l'accroissement de leurs moyens de lutte contre la maladie en Afrique. Depuis lors, les efforts de la Croix-Rouge française se portent majoritairement sur ce continent. Avec ses centres de traitement ambulatoire (CTA) notamment, elle accompagne, dans treize pays, des programmes de formation et d'appui aux systèmes de santé (prise en charge pédiatrique, dépistage, accompagnements psychologique et social des personnes séropositives…). Reconnue pour son degré d'expertise acquise en Afrique depuis 2006, la Croix-Rouge française mène une action concertée de lutte contre le sida aux côtés de la Fédération internationale des sociétés de la Croix-Rouge et du Croissant-Rouge.

Nouvelles réalités.

Face à la baisse de ses effectifs secouristes, l'association s'oriente vers une pédagogie moderne mieux adaptée à la jeunesse et aux réalités de terrain. Pour autant, son action ne faiblit pas. Ses équipes d'urgence structurées peuvent être déployées aux côtés des pouvoirs publics en cas de catastrophe ou de grand rassemblement, tels que le premier concert de Madonna en France en 1987, les Jeux olympiques d'Albertville en 1992 ou les Coupes du monde de football. La Croix-Rouge française intervient aussi lors de situations nouvelles, dans les dispositifs de sécurité civile, comme lors des attentats de Paris en 1986, 1995 et 1996. Pour cela, l'association ne cesse de renforcer et de coordonner son organisation. En 1979, dans le cadre de dispositifs et de plans préventifs d'État, elle met en place des équipes départementales de prompt secours et, en 1992, elle se dote d'une Unité nationale d'intervention rapide (UNIR), soutien logistique basé à Saint-Ouen-l'Aumône (95). Sa première mission a lieu la même année lors des inondations de Vaison-la-Romaine. Si l'UNIR cesse ses activités en 2002, les bases logistiques territoriales, dont la création est amorcée en 1990, se développent.

Vaison-la -Romaine. Nettoyage de la ville après les crues de 1992.

Depuis la loi de modernisation de la sécurité civile en 2004, la Croix-Rouge française dispose d'un agrément du ministère de l'Intérieur pour intervenir en complément des pouvoirs publics en cas d'accident, de sinistre ou de catastrophe.

Déployer l'action sociale.

En 1974, après trois décennies de croissance, arrive la récession. Une situation que le second choc pétrolier de 1979 ne fait qu'aggraver. Le taux de chômage double en France au début des années 1980 et le nombre de personnes sans domicile fixe augmente.

Sur le terrain, l'État – au travers de l'aide sociale – et les organisations humanitaires travaillent de concert. En 1970 déjà, la 2e conférence régionale européenne de la Croix-Rouge, réunie à Cannes, a renouvelé son souhait d'intégrer l'action médico-sociale dans une politique d'ensemble déterminée par le plan des pouvoirs publics.

Au sein de la Croix-Rouge française, la création, en 1978, d'une direction à part entière consacrée à l'action sociale n'est pas anodine. Elle doit donner une nouvelle orientation à ce domaine d'activité. Dans le réseau, une direction des actions sociales est mise sur pied dans chaque département, avec pour objectif l'évaluation des besoins des populations concernées, en vue de les accompagner progressivement vers une autonomie professionnelle et sociale. La spécialisation du secourisme sur les problématiques de sécurité civile est désormais une évidence, alors que l'action sociale est plus clairement identifiée, avec des équipes bénévoles distinctes.

L'ambition de l'association est d'être à l'écoute de toutes les demandes d'aide, de toutes les difficultés ressenties, individuellement ou collectivement. Dans cet esprit, une nouvelle catégorie de bénévoles est créée en 1978, les « volontaires d'action communautaire », qui s'investissent dans des actions concertées d'entraide de proximité, au profit, par exemple, des enfants, des personnes en situation de handicap, des personnes migrantes, des mères de famille nombreuse ou des personnes âgées. L'action sociale prend une ampleur

Épicerie sociale de
Rueil-Malmaison en 2008.

croissante alors qu'apparaissent les « nouveaux pauvres » : travailleurs en situation de précarité, chômeurs, parents isolés, retraités… La lutte contre les effets de la crise devient un engagement national permanent. À Paris, les premières maraudes se mettent en place au cours de l'hiver 1984-1985. En 1992, le nombre de personnes en grande précarité ne cesse de croître. Xavier Emmanuelli crée le SAMU social pour leur venir en aide. La Croix-Rouge française intègre le dispositif et, par la force de mobilisation de son réseau, en devient le premier opérateur. Elle ouvre aussi, en 1988, une ligne téléphonique de soutien psychologique, service d'écoute généraliste, anonyme et gratuit. Une mission de prévention prise dans sa globalité, en cohérence avec les actions de lutte contre toutes les exclusions, qu'elle étend en 1999 aux détenus dans les prisons.

Pour aller plus loin que les simples distributions alimentaires, la Croix-Rouge française ouvre en 1997 ses 25 premières épiceries sociales. L'année suivante, elle transforme ses traditionnels vestiaires en « vestiboutiques ». Le choix des vêtements est libre et une participation financière modique est demandée afin de réajuster le jeu social et permettre de rendre au bénéficiaire son statut de citoyen à part entière. Ces lieux, plus conviviaux, proposent des services plus étendus. Outre l'accueil, les bénévoles aident les personnes à constituer un budget ou à effectuer leurs démarches administratives. L'autonomie et la dignité de la personne sont considérées avant tout.

L'association se mobilise au-delà des actions de terrain. Au sein du collectif Alerte, en 1995, 30 associations, dont la Croix-Rouge française, font cause commune afin d'alerter l'opinion publique et les décideurs politiques par une campagne de mobilisation pour un « pacte contre la pauvreté et l'exclusion ». La question posée : combien de temps peut tenir un pays avec 5 millions de pauvres ? Le collectif participera à la négociation pour l'élaboration de la loi de renforcement de la cohésion sociale.

Programmes humanitaires au long cours.

Sur le plan international, la Croix-Rouge française inscrit désormais ses actions au-delà de l'urgence. Par exemple, à la suite du séisme en Arménie, en 1988, ses équipes se joignent aux sauveteurs de la Sécurité civile pour participer à la recherche des survivants et à l'aide aux populations, mais aussi à partir de 1989 au programme de réhabilitation et de formation d'équipes de secours en cas de catastrophe. Elle poursuit son action au-delà de 1993 par une mission de développement sanitaire et social et l'ouverture de dispensaires.

De 1999 à 2008, face au désastre humanitaire engendré par la reprise de la guerre dans les Balkans, la Croix-Rouge française déploie un programme d'aide globale. L'opération « Kosovo » représente, pour la seule Croix-Rouge française, l'envoi de 1,4 million de colis alimentaires et d'hygiène, la mobilisation de 53 000 bénévoles, l'accueil en France de 6 274 réfugiés, l'hébergement de 717 d'entre eux dans un centre géré par l'association. En outre, 650 000 personnes ont bénéficié du programme alimentaire en Albanie, en Macédoine, au Monténégro et au Kosovo.

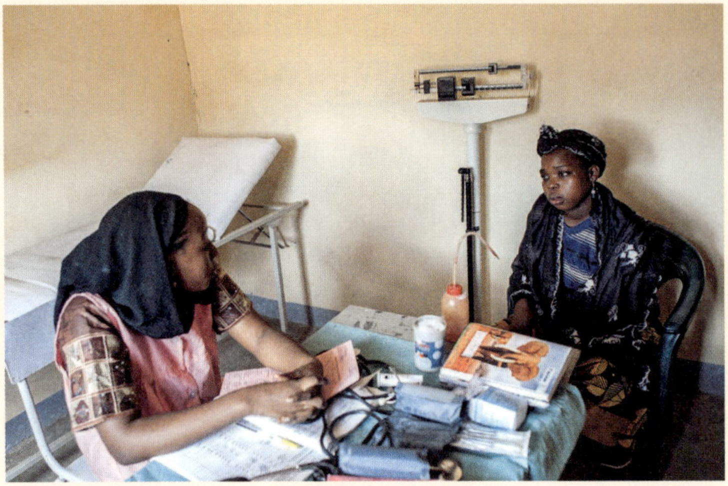

Programme santé au Niger en 2012.

Sur place, à Laplje Selo, l'association crée un hôpital et réhabilite 880 maisons, 14 écoles et deux centres de santé, ainsi qu'un hôpital à El-Bassan.

L'État reconnaît par ailleurs l'association comme un partenaire privilégié dans les actions internationales. En 1997, une convention avec le ministère des Affaires étrangères et le secrétaire d'État à l'action humanitaire fixe les conditions de coopération avec les pouvoirs publics en matière d'opérations de secours ou d'aide au développement. Prenant de l'ampleur, l'action internationale est désormais gérée par une direction à part entière au sein de l'association.

"La Croix-Rouge française inscrit désormais ses actions au-delà de l'urgence."

L'association coordonne de nombreux programmes humanitaires, avec le soutien du Mouvement international de la Croix-Rouge et du Croissant-Rouge (CICR, FICR et sociétés nationales), pour améliorer l'accès à l'eau, à la sécurité alimentaire et aux soins des populations vulnérables. Ces programmes variés (eau et assainissement, santé, réhabilitation, soutien psychosocial…) sont menés sur les cinq continents. Elle installe pour cela ses dispositifs en concertation avec les acteurs locaux, les forme au besoin, l'objectif étant de développer leur autonomie.

Répondre aux urgences humanitaires.

La complexité croissante des situations de crise dans le monde amène la FICR à créer en 1994 les équipes de réponse aux urgences humanitaires (ERU) pour mieux cibler et coordonner les opérations. La Croix-Rouge française met en place en 2002 ses propres ERU. Elles peuvent intervenir en cas de séisme, d'inondation, d'ouragan, de sécheresse, de pénurie d'eau, de famine, d'épidémie, mais aussi lors des grands mouvements de population. Articulées autour de trois secteurs d'activités prioritaires (les soins de santé, l'eau et l'assainissement ; la distribution d'aliments et autres produits de première nécessité ; la logistique), les ERU rassemblent des volontaires, experts dans chacun de ces domaines. Dotées d'un matériel standardisé, conditionné et prêt à l'expédition, ces équipes sont en mesure de réagir dans les vingt-quatre à quarante-huit heures après le déclenchement d'une alerte.

Le dispositif est déployé plus d'une soixantaine de fois entre 2002 et 2024, lors de tremblements de terre, de raz de marée, de déplacements de population ou d'inondations, comme au Pakistan en juillet 2010. Cette année-là, la mousson dévastatrice frappe le nord du pays, affectant plus de 20 millions de personnes. Aux côtés du Croissant-Rouge pakistanais et sous l'égide de la FICR, ce premier déploiement ERU permettra de venir en aide à 175 000 personnes.

Au plus près des zones sensibles.

Pour pouvoir intervenir dans l'urgence le plus rapidement et le plus efficacement possible, la Croix-Rouge française souhaite être au plus près des zones sensibles que sont les Caraïbes, l'océan Indien et l'océan Pacifique. Elle imagine donc la structuration de plateformes d'intervention décentralisées, basées dans les départements et territoires d'Outre-mer. Chacune d'elles est conçue pour la préparation aux risques de catastrophe naturelle, afin de porter assistance aux victimes et répondre à leurs besoins primaires en temps de crise. La première Plateforme d'intervention régionale de l'océan Indien (PIROI) naît à La Réunion en 2000, avec la signature de l'accord de Saint-Denis entre les États indépendants et les départements français d'Outre-mer des

Un membre de la PIRAC en Haïti, après le séisme du 12 janvier 2010.

îles du sud-ouest de l'océan Indien. Une deuxième plateforme (PIRAC), dédiée à la zone Amériques-Caraïbes, est créée en mars 2005 lors de la signature des accords de Pointe-à-Pitre entre les départements français d'Outre-mer et la Croix-Rouge haïtienne. Une troisième (PIROPS), concernant cette fois l'océan Pacifique sud, voit le jour en 2007 en Nouvelle-Calédonie. Comme les ERU, ces moyens d'intervention d'urgence disposent d'équipes spécialisées mobilisables sous quarante-huit heures. La PIROI montrera tout son bien-fondé lors du tsunami du 26 décembre 2004, tout comme la PIRAC après le séisme du 12 janvier 2010 en Haïti.

L'entrée dans le millénaire

(depuis 2004)

troisième

Sociales, industrielles, climatiques, migratoires, géopolitiques... Le début du troisième millénaire a été marqué par une succession de crises de grande ampleur. Tsunami en Asie du Sud-Est, ouragan Irma, tempête Xynthia, inondations dans la vallée de la Roya, explosion de l'usine AZF, attentats à Paris, cette liste non exhaustive d'événements dramatiques a obligé la Croix-Rouge française à adapter son mode d'intervention pour mieux répondre aux besoins de la population. Une transformation plus que nécessaire au regard de la démultiplication des crises et de leur intensification.

Le tsunami de 2004.

Le 26 décembre 2004 à 7h58 (heure locale), le monde entier s'est figé en découvrant les images du tsunami qui, en quelques minutes, a dévasté les côtes de plusieurs pays – l'Indonésie, le Sri Lanka, le sud de l'Inde et l'ouest de la Thaïlande en particulier –, le lendemain de Noël. C'est à ce jour le plus puissant séisme jamais enregistré, avec une magnitude de 9,1 à 9,3 sur l'échelle de Richter, et un bilan en vies humaines tout aussi inédit : 250 000 personnes ont péri dans cette tragédie qui a suscité une immense émotion. L'engagement de la Croix-Rouge française est à la hauteur de la catastrophe : colossal. Au total, 250 expatriés (techniciens, ingénieurs, médecins, etc.) se succéderont sur le terrain durant six ans, dans les principaux pays affectés par ce drame. Par ailleurs, l'association, emploiera 1 500 collaborateurs dans le cadre de ses missions.

Dès le 27 décembre au matin, la Croix-Rouge française fait appel à 500 secouristes pour rapatrier les 1 500 touristes évacués d'urgence d'Asie du Sud-Est. En parallèle, des équipes de réponse aux urgences (ERU) sont mobilisées en un temps record. Outre les soins à apporter aux personnes blessées, la priorité est donnée au traitement de l'eau et à l'installation d'abris pour les dizaines de milliers de sinistrés.

Face à l'ampleur du séisme et à son impact, le montant des dons reçus dépasse toutes les prévisions. La Croix-Rouge française est le premier récipiendaire parmi toutes les associations françaises mobilisées. Elle collecte en quelques semaines 115 millions d'euros. Du jamais vu ! Cette manne financière permettra de mener à bien des chantiers

Programmes de reconstruction en Indonésie après le tsunami du 26 décembre 2004.

"L'engagement de la Croix-Rouge française est à la hauteur de la catastrophe : colossal."

énormes – 160 au total – et au long cours. Cette mobilisation dans la durée a permis de venir en aide à plus d'un million de personnes. Cette catastrophe hors du commun a mis en évidence non seulement l'expertise de la Croix-Rouge française dans tous les grands métiers de l'humanitaire – logistique, santé, eau et assainissement, abri et distributions, prévention et préparation aux risques de catastrophe –, mais aussi sa capacité de mobilisation, tant dans l'urgence que dans une logique de développement.

Haïti : de l'urgence à la résilience.

En moins de trente secondes, un violent tremblement de terre dévaste Haïti le 12 janvier 2010. De nombreuses répliques suivent, faisant au total plus de 280 000 morts, 300 000 blessés et 1,3 million de sans-abri. Très rapidement, 600 volontaires de trente-cinq pays sont mobilisés par le Mouvement de la Croix-Rouge et du Croissant-Rouge. De son côté, la Croix-Rouge française prend en charge les ressortissants français rapatriés. Du matériel est également acheminé pour assurer l'aide de première urgence : véhicules, systèmes de traitement de l'eau, cantines comprenant des tentes, des kits de cuisine, de la nourriture, etc. pour les familles sinistrées. Une centaine d'ERU ainsi que des médecins sont déployés sur place. En raison de l'augmentation continue du nombre de camps de fortune dans et autour de la capitale haïtienne et l'impossibilité de trouver

Ravitaillement en eau potable
à l'aide de camions citernes
à Port-au-Prince.

des solutions pérennes pour reloger les dizaines de milliers de personnes déplacées, l'association se concentre sur les installations d'eau et d'assainissement (réservoirs et latrines) afin d'assurer un minimum d'hygiène.

La résilience est au cœur des actions que mène la Croix-Rouge. Ainsi, comme en Asie du Sud-Est après le tsunami, le travail de reconstruction entrepris en Haïti se poursuivra durant des années après la catastrophe – dix ans exactement. Et ce, malgré les énormes difficultés rencontrées : une épidémie de choléra notamment (réapparue en octobre 2010), une administration défaillante, l'absence de cadastre, une pauvreté endémique et une extrême vulnérabilité face aux catastrophes naturelles. La Croix-Rouge française a fait le choix de rester auprès de la population.

Elle implique ainsi les communautés dans la reconstruction et le réaménagement de quartiers entiers de la métropole, Port-au-Prince. Un programme qui comprend un volet important de relance de l'activité économique dans le but de redonner de l'autonomie aux habitants. La Croix-Rouge les forme également à la gestion de l'eau, à la maintenance de latrines, à la collecte de déchets ou encore à la prévention des risques de catastrophes naturelles.

Tous ces projets seront réalisés en lien avec les autorités locales et les communautés concernées. La Croix-Rouge française, présente à Haïti bien avant cette catastrophe, continuera d'appuyer durant plusieurs années la Croix-Rouge haïtienne dans le département de l'Artibonite, où les besoins sont plus structurels.

Anticiper les crises.

La tempête Irma, autre catastrophe de grande ampleur, va faire bouger les lignes au sein de la Croix-Rouge française. Dans la nuit du 5 au 6 septembre 2017, cet ouragan, considéré comme l'un des plus dévastateurs jamais enregistrés dans le nord des Antilles, s'abat sur l'île de Saint-Martin et, dans une moindre mesure, sur celle de Saint-Barthélemy. Les territoires néerlandais (Sint Maarten), britannique (Anguilla) et de Barbuda subissent également des dégâts importants.

La prévisibilité de l'événement permet d'anticiper la réponse à la crise. Dès le 4 septembre, la Croix-Rouge française active sa cellule de crise nationale et son centre opérationnel qui restera ouvert vingt-quatre heures sur vingt-quatre. Tous les acteurs et tous les savoir-faire de la Croix-Rouge française sont mobilisés : des équipes de réponse aux urgences (ERU) à l'international, la Plateforme d'intervention régionale Amériques-Caraïbes (PIRAC), des salariés et des bénévoles d'Outre-mer et de métropole. Le 6 septembre, un appel à dons est lancé en prévision d'une catastrophe qui s'annonce majeure.

Au lendemain du passage de l'ouragan, près de 5 000 personnes sont rapatriées vers la Guadeloupe ou Paris. Les sinistrés de Saint-Martin sont accueillis dans des centres d'hébergement d'urgence. Au total, 410 volontaires se succèdent sur le terrain pour distribuer de l'eau, des vivres,

Les volontaires de la Croix-Rouge française viennent en aide à une population très éprouvée par la tempête Irma.

des biens de première nécessité, installer des réservoirs d'eau sanitaire, soigner, etc. Pour la première fois, des actions de rétablissement des liens familiaux (RLF) sont déclenchées dès la phase d'urgence. L'ensemble des réponses apportées (médicales, matérielles, sociales…) a souligné l'importance de l'anticipation et de la coopération de tous les acteurs. En ce sens, Irma marque un changement d'échelle dans la gestion transversale d'une opération d'urgence.

"Irma marque un changement d'échelle dans la gestion transversale d'une opération d'urgence."

LA PREMIÈRE COP HUMANITAIRE QUI LIE CLIMAT ET SANTÉ

La Croix-Rouge française organise à Cannes la toute première « COP humanitaire » les 15 et 16 avril 2019. À l'occasion du 100e anniversaire de la Fédération internationale des sociétés de la Croix-Rouge et du Croissant-Rouge (FICR), cette conférence mondiale rassemble plus de 400 participants, experts et acteurs de terrain.

Alors que de nombreux acteurs abordent le sujet du réchauffement climatique sous l'angle de l'atténuation – comment agir sur les causes –, la Croix-Rouge a fait le choix de se concentrer sur l'adaptation. Autrement dit, de s'interroger sur la façon dont on peut limiter l'impact de ces aléas, accentuer la prévention et renforcer la résilience des populations. La conférence de Cannes a permis de présenter des solutions innovantes et d'appeler à la mobilisation de tous pour relever le plus grand défi de santé publique du XXIe siècle. Une initiative liée à un constat alarmant : les actions en France et dans le monde pour secourir, accompagner, relever des centaines de millions de victimes de sécheresses, d'inondations, de tempêtes, d'ouragans ne font que s'amplifier au regard de la multiplication des crises. Des catastrophes qui, par ailleurs, sont d'une violence parfois inédite et touchent tous les continents. Alors, que faire ? Et, surtout, comment peut-on « soigner une humanité à +2 °C » ?

Les 400 experts internationaux et acteurs de terrain ont ainsi échangé sur les vagues de chaleur en milieu urbain, les risques épidémiques, les catastrophes, les mouvements de populations, l'insécurité alimentaire, les conflits, la santé mentale et le soutien psychosocial… Une vision à 360 degrés d'autant plus nécessaire que les effets directs et indirects des changements climatiques sur la santé des populations sont multiples et complexes.

Couverture du rapport « Soigner une humanité à +2 °C ».

Après Cannes, un rapport sur les conséquences sanitaires des changements climatiques a été produit. Le document liste notamment une série de recommandations globales, inspirées de bonnes pratiques, appréhendant la santé humaine, la santé animale et la santé des écosystèmes comme un tout. Un rapport sous forme de plaidoyer : selon l'association, il y a urgence à débloquer des financements internationaux pour des programmes d'adaptation pratiquement inexistants, à favoriser la prévention des risques sanitaires, en s'appuyant davantage sur les savoir-faire et la culture des communautés, et à renforcer le lien social pour lutter contre les inégalités et les vulnérabilités.

La Croix-Rouge française a largement diffusé ce rapport auprès du grand public, de parlementaires français, des pouvoirs publics, de bailleurs institutionnels, de fondations, d'acteurs de terrain, etc. afin de sensibiliser le plus grand nombre à ce nouveau défi posé à l'humanité.

Quand la guerre fait rage en Europe.

Le 24 février 2022 à l'aube, l'impensable se produit. Les troupes russes entrent en Ukraine et lancent les premières attaques sur plusieurs villes. Ce conflit, aux portes de l'Union européenne, suscite la stupeur dans le monde entier et entraîne une imporante vague de solidarité internationale. Une grande partie des gouvernements du Vieux Continent s'empressent d'apporter leur soutien à l'Ukraine et de prendre des sanctions contre la Russie. Dès les premiers jours du conflit, on assiste à un afflux de réfugiés dans les pays limitrophes de l'Ukraine (Pologne, Roumanie, Moldavie, Hongrie, Slovaquie, Biélorussie et Russie), mais aussi en Allemagne, Espagne, Italie et en France. En une semaine, plus de 600 000 Ukrainiens fuient leur pays. Ils seront près de 3 millions quelques semaines plus tard (dont 1,8 million se réfugie en Pologne) ; on compte également près de 7 millions de personnes déplacées à l'intérieur de l'Ukraine.

Les dons affluent en masse. La Croix-Rouge française en est l'un des principaux récipiendaires et mène de nombreuses actions en soutien à la Croix-Rouge ukrainienne et à ses sociétés sœurs dans les pays alentour. En France, elle se mobilise aux côtés des réfugiés qui affluent dans les gares.

En mars 2022, les équipes de la Croix-Rouge accueillent les réfugiés ukrainiens dans l'un des premiers centres d'hébergement ouverts à Marseille.

Aux premières heures de l'invasion russe sont présents sur place les Croix-Rouge suisse et danoise, ainsi que le CICR, dont 600 membres sont déployés et actifs sur le terrain depuis l'invasion de la Crimée par la Russie en 2014. En quelques mois, ce sont au total seize sociétés nationales qui sont engagées en Ukraine et dans les pays limitrophes. La Fédération internationale de la Croix-Rouge et du Croissant-Rouge (FICR), qui coordonne les opérations du Mouvement, prédit « l'une des plus grandes crises humanitaires depuis la Seconde Guerre mondiale ». Selon elle, plus de 18 millions de personnes ont ou vont nécessiter une assistance humanitaire en urgence. Les besoins sont gigantesques et cette coordination est essentielle pour fluidifier l'aide, répartir les rôles et missions de chacun, et atteindre un maximum de personnes en un minimum de temps.

Au cours de la première année de conflit, la Croix-Rouge française envoie plus de 600 tonnes de matériel vers l'Ukraine et les pays voisins : des générateurs, des tentes, des matelas, des kits de premiers secours ou encore des biens de première nécessité. 900 000 kits comprenant des articles alimentaires, des produits d'hygiène et pour bébés sont acheminés à partir de juillet 2022. Des actions spécifiques sont également menées dans le cadre du Mouvement pour aider les Ukrainiens à survivre durant l'hiver.

Le 21 mars 2022, sur le tarmac d'Orly, une centaine de bénévoles de la Croix-Rouge française participent au rapatriement d'enfants ukrainiens atteints de cancers, depuis la Pologne vers des hôpitaux français. C'est l'opération « Cigogne ».

Très rapidement, la Croix-Rouge française se positionne en Ukraine, en Roumanie et en Moldavie, où elle ouvre des délégations. Elle se concentre sur deux problématiques, le secours et la santé, domaines dans lesquels son expertise est reconnue au sein du Mouvement. Elle soutient notamment la Croix-Rouge ukrainienne dans la mise en œuvre de trois centres de formation aux premiers secours et l'accompagne dans la création d'une école d'infirmières à Kiev pour pallier le manque de professionnels de santé dans le pays.

En Roumanie, la Croix-Rouge française, en collaboration avec la Croix-Rouge roumaine, lance le programme « Caravane de santé » comprenant six centres de santé et un dispositif mobile. Celui-ci sillonne principalement les zones rurales et propose des soins médicaux gratuits (ophtalmologie, tests sanguins et urinaires, etc.) et du soutien psychosocial aux réfugiés ukrainiens et à la population la plus vulnérable. Le défi, dans cette crise, est à la fois de continuer à répondre aux urgences multiples, dans un conflit qui perdure, et de développer des projets au long cours pour renforcer les capacités des sociétés sœurs et contribuer à la résilience de la population.

Depuis le début des hostilités en février 2022, la France a reçu près de 70 000 réfugiés ukrainiens. Pour la Croix-Rouge française, l'enjeu a été double : accueillir et orienter des dizaines de milliers de personnes affluant dans les gares et, quand la France était leur destination finale, permettre l'intégration de ces familles. Un processus qui passe à la fois par des propositions d'hébergement dans des établissements dédiés et des cours de français langue étrangère (FLE) dispensés gratuitement.

Une émancipation individuelle qui passe aussi par l'intégration professionnelle. Comme à Thônes, en Haute-Savoie, où un ancien Ehpad, mué en centre d'hébergement Croix-Rouge avec l'aide de bénévoles, accueille 150 Ukrainiens, parmi lesquels une cinquantaine d'enfants. Objectif : les intégrer au mieux dans la région.

Toutes et tous ont une histoire singulière, un parcours d'immigration qui a laissé des traces, un déracinement douloureux qui a nécessité courage et résilience. Du courage, il en a fallu aussi aux familles ukrainiennes ayant fui leur pays pour que leurs enfants malades puissent bénéficier de soins loin de la guerre et des hôpitaux dévastés. Vingt-deux enfants, atteints de cancers, ont ainsi été rapatriés, via la Pologne, et pris en charge dans le cadre de l'opération « Cigogne », menée par la Croix-Rouge française en collaboration

"Le défi, dans cette crise, est à la fois de continuer à répondre aux urgences multiples [...] et de développer des projets au long cours."

avec l'ARS et le ministère des Affaires étrangères. À leur arrivée à Orly, en mars 2022, ils ont été transportés dans des hôpitaux de la région parisienne.

Fuir la guerre, c'est aussi laisser derrière soi une partie de ses proches. Pour que les liens soient maintenus ou rétablis, la Croix-Rouge française a activé sa mission RLF (rétablissement des liens familiaux) pour rechercher des personnes disparues et identifier des dépouilles, sous l'égide du CICR en Ukraine. Des démarches qui peuvent mettre des mois ou des années à aboutir.

D'épidémie en épidémie.

Choléra, dengue, fièvre jaune, Ebola… les épidémies sont de plus en plus fréquentes et touchent durement les populations. Si certaines sont cantonnées à un pays ou une région – Ebola, par exemple, concerne essentiellement l'Afrique centrale –, d'autres sont beaucoup plus répandues, notamment en Afrique. C'est le cas du VIH, de la tuberculose ou du paludisme. Pour lutter contre ces fléaux, la Croix-Rouge française a mis en place des projets au long cours dans dix-sept pays pour mener des actions de sensibilisation et préparer la population aux risques de maladies infectieuses et vectorielles, ainsi que renforcer les systèmes de santé. La méthode est ici aussi de privilégier le soutien aux Croix-Rouge nationales ou aux infrastructures locales (via des formations, de l'achat de matériel adapté…) pour qu'elles puissent faire face à ces crises. Par exemple, lorsque fin 2013 l'épidémie d'Ebola touche la Guinée, la Croix-Rouge française est désignée par le gouvernement français pour gérer un centre de traitement Ebola (CTE) à Macenta, en Guinée forestière. Une prise en charge qui a permis d'infléchir durablement la progression de l'épidémie dans la région. Parallèlement aux activités médicales et psychosociales d'aide aux patients et à leurs proches, la Croix-Rouge

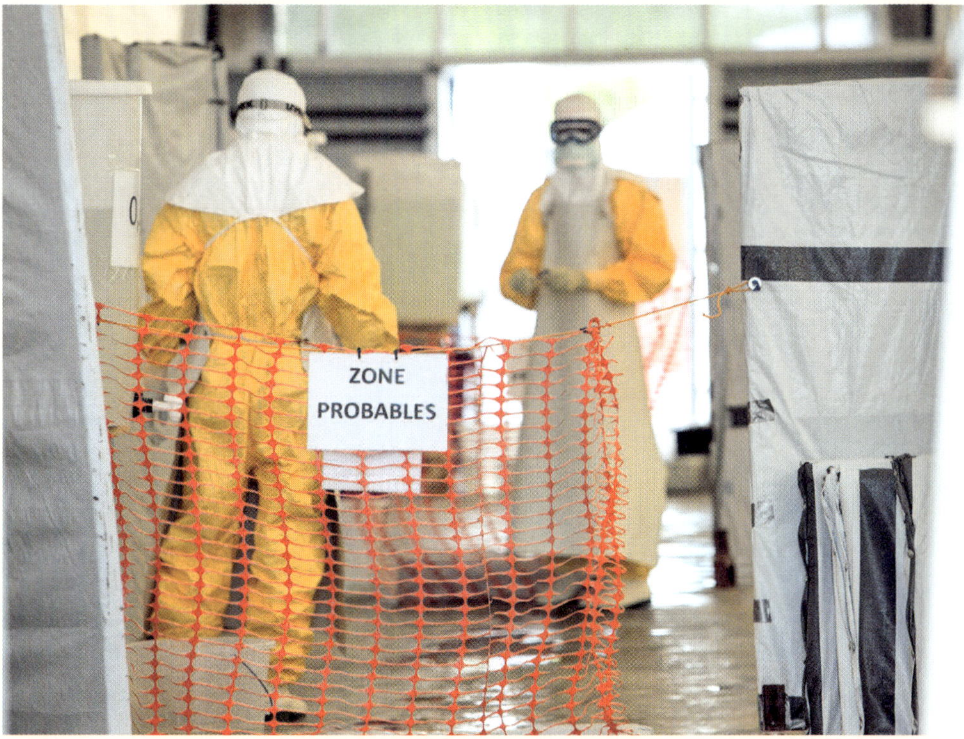

À Macenta, dans le centre de traitement Ebola géré par la Croix-Rouge française.

française a réalisé un travail de sensibilisation dans les communautés pour améliorer la confiance envers les dispositifs d'accueil et mieux faire comprendre la maladie et les mesures de précaution à prendre. Mais sa mission ne s'arrête pas là. À partir d'avril 2015, elle élabore une stratégie post-urgence centrée sur le renforcement du système de santé dans la préfecture de Macenta, dans le but d'apporter une réponse durable à la lutte contre la maladie à virus Ebola et les principales maladies infectieuses.

"Choléra, dengue, fièvre jaune, Ebola… les épidémies sont de plus en plus fréquentes."

Lutter contre le Covid-19.

Être prêt à agir vite, de façon agile et efficace, tout en favorisant la résilience des populations, c'est tout l'enjeu de la stratégie internationale de la Croix-Rouge française. Un savoir-faire que l'association a pu appliquer dès le commencement de la pandémie de Covid-19. La réflexion a d'abord porté sur l'adaptation des activités afin de limiter l'exposition des volontaires et des bénéficiaires au virus. Des règles de conduite ont été rapidement établies pour des interventions sécurisées (gestes de premiers secours, masques, combinaisons, etc.) permettant de rester au plus près de la population. La Croix-Rouge française a été l'une des rares associations à ne jamais cesser ses activités durant la crise.

Concrètement, c'est la démarche d'« aller vers » qui a surtout été privilégiée. Grâce au dispositif central « Croix-Rouge chez vous », lancé cinq jours après le début du premier confinement, en mars 2020, 30 000 volontaires ont pu livrer des biens de première nécessité et des médicaments aux personnes isolées ou ne pouvant pas sortir de chez elles. Maintenir le lien et les actions sociales a en effet été au cœur de la stratégie de l'association durant la pandémie. Outre la distribution alimentaire, des bénévoles ont également effectué des visites de courtoisie aux personnes isolées ou ont passé des coups de fil réguliers pour prendre des nouvelles et orienter vers d'autres services de l'association en cas de détection de problématiques sociales, sanitaires, psychologiques. Un soutien psychosocial indispensable face à l'anxiété provoquée par la pandémie.

Si le volet social a été fondamental dans la réponse à la crise, la lutte contre l'épidémie en a été un autre. La Croix-Rouge a été, à plus d'un titre, un partenaire de premier ordre des pouvoirs publics.

Les équipes de la Croix-Rouge mobilisées pour assurer la vaccination du plus grand nombre. Ici, en mai 2021, le dispositif d'envergure de Paris-La Défense-Arena.

Outre les messages de prévention et de sensibilisation aux gestes barrières sur le site de l'association et sur ses réseaux sociaux, elle a transporté des malades vers les hôpitaux, renforcé les réseaux de secours, médicalisé ses maraudes (de jour comme de nuit), vacciné à domicile, dans des dispositifs mobiles et dans des grands centres de vaccination tels que le Stade de France ou Paris-La Défense-Arena… Des actions menées tout au long de cette crise, qui a plongé nombre de Français dans la précarité. Dans une enquête publiée le 14 octobre 2020, l'Insee a établi que le premier confinement (du 17 mars au 11 mai 2020) avait entraîné l'appauvrissement d'un quart des ménages, d'autant plus fortement que leur niveau de vie était initialement bas. Une augmentation des besoins fondamentaux, comme l'accès à l'alimentation, ainsi que l'arrivée de nouveaux publics dans ses dispositifs, se sont traduits par une hausse de 20 à 25 % des demandes d'aide alimentaire la première année de la pandémie.

Face à une situation sociale et économique aussi inédite que dramatique, l'association a été amenée à accélérer sa mutation, revoir son mode de fonctionnement, voire inventer de nouvelles réponses.

Une maraude à Paris durant la pandémie. Repérer, orienter et maintenir le lien avec les sans-abri était une priorité pour les volontaires de la Croix-Rouge française.

> "Maintenir le lien et les actions sociales a en effet été au cœur de la stratégie de l'association durant la pandémie."

L'« aller vers », qui a montré toute sa pertinence durant la crise, a été largement déployé depuis en direction d'autres publics (familles, étudiants, personnes migrantes...). Une veille sanitaire et sociale permettant de repérer et d'orienter les personnes dans le besoin – notamment celles touchées par la précarité depuis la pandémie et qui peinent à demander de l'aide – a également été renforcée. Des missions que la Croix-Rouge ne mène pas seule. Et c'est l'une des leçons qu'elle a tirées de la crise : la pertinence de nouer de nouveaux types de partenariats avec les entreprises et de construire une relation de confiance avec d'autres acteurs associatifs. Mais aussi d'engager la solidarité citoyenne. Le message est ainsi clairement posé : la protection des personnes et la prévention des crises liées notamment au dérèglement climatique sont l'affaire de tous. Il faut rendre les gens plus résilients, capables de faire face à des ruptures majeures de leur quotidien et de rebondir plus vite et mieux.

UN NOUVEAU PROJET ASSOCIATIF

« Nous sommes tous vulnérables. Toutes les vies sont fragiles et peuvent être bouleversées par une catastrophe, un accident, une rupture, une pathologie ou des violences. Nous partageons cette vulnérabilité entre personnes humaines, mais aussi avec notre environnement. » Cette fragilité collective est au cœur du nouveau projet associatif de la Croix-Rouge française et de sa stratégie à l'horizon 2030.

Le projet associatif définit la raison d'être commune à l'ensemble de ses acteurs et de ses dispositifs en France et à l'international, et se résume ainsi :

« La Croix-Rouge française agit pour protéger et relever sans condition les personnes en situation de vulnérabilité et construire avec elles leur résilience. »

Un engagement qui repose sur de multiples constats : face à la multiplication, à l'intensification et à la diversification des crises et des défis sociaux, la société est mal préparée. Pour l'association, il y a urgence à valoriser l'entraide comme condition de survie, à éduquer la population, à créer ou à maintenir du lien social et à répondre aux besoins en prenant en compte la personne dans sa globalité.

Avant, pendant et après la crise, les actions de l'association s'organisent autour de trois missions : prévenir et éduquer (observer, préparer, former, mobiliser...) ; protéger (porter assistance aux personnes en situation de crise) ; relever en rétablissant (donner à chacun les clés de son rebond par sa participation à la société).

Répondre à la crise sociale.

Si le Covid-19 a été un accélérateur de précarisation, il n'est pas le seul responsable de l'aggravation de la crise sociale en France. Celle-ci s'inscrit dans un cadre plus structurel qu'est la désindustrialisation du pays et l'uberisation de l'économie. De nombreux travailleurs ne sont plus protégés par le salariat, ce qui augmente les risques du déclassement. L'effritement des solidarités traditionnelles, la hausse du nombre de familles monoparentales, le vieillissement de la population… sont d'autres facteurs explicatifs d'une crise aggravée par l'inflation et la hausse des prix de l'énergie. Un ensemble d'éléments qui renforce le sentiment d'une vulnérabilité partagée. Aujourd'hui personne n'est à l'abri ! En effet, les impacts de la crise économique actuelle touchent de plein fouet familles, étudiants, seniors et poussent chaque jour de plus en plus de gens à venir frapper à la porte des associations. Les demandes d'aide alimentaire, conséquences directes de cette conjoncture, ont explosé : plus de 26 % entre 2020 et 2022. Au cours de cette dernière année, la Croix-Rouge française a distribué, dans ses 760 centres dédiés, plus de

Les bénévoles déchargent les denrées qui seront proposées dans les épiceries sociales de l'association.

62,5 millions de repas. Autre dispositif indispensable pour répondre aux besoins de la population : les épiceries sociales et solidaires. Ce type de structure, gérée par des bénévoles de l'association, propose en libre-service des produits alimentaires en échange d'une participation financière. Partout les effets de l'inflation ont été fortement ressentis, se traduisant par une hausse du nombre de demandes. Autre signal inquiétant : les personnes restent plus longtemps inscrites.

Particulièrement touchés par la crise, les étudiants sont venus grossir les rangs des bénéficiaires de l'aide alimentaire. À Tours, par exemple, une équipe de bénévoles de la Croix-Rouge locale se rend deux fois par mois sur différents campus de la ville pour distribuer de la nourriture et des produits d'hygiène, moyennant des sommes dérisoires. Mis en place en mars 2020, le dispositif attire de plus en plus d'étudiants. Et pour cause, les besoins sont énormes. Harmony, 22 ans, témoigne : « Avant, c'était un plus. Mais, aujourd'hui, mes parents ne pouvant plus m'aider, c'est devenu une nécessité. Sans cette distribution, je ne mangerais pas à ma faim. »

À Tours, sur un campus, les bénévoles distribuent des denrées alimentaires aux étudiants, fortement touchés par la crise.

Les familles en difficulté ayant des enfants de moins de 3 ans peuvent quant à elles bénéficier du soutien des espaces bébé-parents (EBP). Il en existe une vingtaine. Ces lieux sont spécialement conçus pour accueillir et orienter les familles monoparentales avec de faibles revenus (RSA) ou les personnes en changement de situation familiale (divorce, déménagement…). Partage d'informations, conseils, aide aux démarches administratives, mais aussi achats à très bas prix de produits pour bébés (lait en poudre, couches, petits pots…), les EBP représentent une bouffée d'oxygène pour ces parents démunis.

Outre ces soutiens ponctuels, la Croix-Rouge française a mis en place un « parcours de relèvement ». L'enjeu : accueillir et écouter les personnes poussant la porte d'une de ses structures pour repérer leurs problèmes (santé, logement, chômage, accès aux droits, mobilité, apprentissage du français, etc.) et les aider à les résoudre en les accompagnant vers l'inclusion et l'insertion. Une démarche qui passe par l'orientation vers d'autres acteurs du territoire.

« CROIX-ROUGE SUR ROUES »

L'« aller vers » est au cœur de nombreuses activités de la Croix-Rouge française. Une nouvelle approche – largement développée depuis – qui a vu le jour en 2013 avec l'aménagement de camions inaugurant les dispositifs itinérants « Croix-Rouge sur roues ». Le 13 novembre 2013, les territoires du Gers et de l'Ain sont les premiers à se lancer dans le projet « Croix-Rouge sur roues ». Objectif ? Aller vers ceux qui, pour des raisons d'isolement et de perte de mobilité, ne peuvent pas ou n'osent pas pousser la porte des structures de l'association. Les véhicules sont équipés de modules simples d'utilisation, facilement montables et démontables pour s'adapter à toutes formes de services, de l'aide alimentaire ou vestimentaire aux soins et à l'hygiène, de la santé à l'orientation professionnelle ou l'apprentissage de la langue, etc.

Le concept a désormais fait des petits. Il a aussi pris d'autres formes. Ainsi, depuis février 2019, un nouveau dispositif mobile circule en Seine-Saint-Denis : « BB sur roues ». Un camion chargé de nourriture, vêtements, couches… se déplace de ville en ville pour venir en aide à toujours plus de personnes en difficulté et isolées.

Santé mentale : un nouvel enjeu.

La dimension généraliste de la Croix-Rouge, mais aussi l'inconditionnalité de l'aide apportée, lui permettent d'établir de nouveaux modes d'intervention à partir des besoins et des situations vécues par les personnes qu'elle accompagne. Il en va ainsi des troubles d'ordre psychologique, de plus en plus fréquents et parfois difficiles à déceler. Pour apaiser ce type de souffrance, l'association a mis en place de nouveaux dispositifs. Tout d'abord, un service dédié, « Croix-Rouge à votre écoute », accessible au 0800 858 858, permet à tous ceux qui en ressentent le besoin d'être écoutés et d'échanger sur leurs difficultés. Des appels de convivialité – gratuits, anonymes et confidentiels – de la part des bénévoles de l'association peuvent ensuite être régulièrement programmés.

Campagne de communication sur la santé mentale, 2021. La Croix-Rouge française propose un soutien psychosocial par téléphone, via une plateforme anonyme et gratuite.

> "Une formation aux premiers secours psychologiques est désormais dispensée aux équipes de secouristes."

Cette problématique est telle qu'une formation aux premiers secours psychologiques (PSP) est désormais dispensée aux équipes de secouristes. Adopter le bon comportement face à une personne en détresse, dont le traumatisme n'est pas forcément physique, cela s'apprend aussi. Comment rassurer l'autre, ne pas le juger, l'orienter, se taire s'il le faut, se protéger soi-même, être dans l'écoute active ?

Autant de facettes des premiers soins psychologiques à dispenser. Longtemps, la santé mentale est restée dans l'angle mort du secours à la personne, associant l'urgence au danger physique, à l'accident corporel, mais rarement au malaise de l'âme. Il existe cependant des « stratégies abordables, efficaces et réalisables pour promouvoir, protéger et rétablir la santé mentale », selon l'OMS. Pour les bénévoles, ce sont donc des clés supplémentaires pour être « dans l'aide » et dans l'accompagnement d'une personne sur le plan psychologique pendant une mission et après une situation d'urgence. La personne peut ainsi être orientée vers un service interne à la Croix-Rouge ou des dispositifs externes.

CHACUN DOIT POUVOIR AGIR

Développer le pouvoir d'agir ! C'est l'un des piliers de la Croix-Rouge française et ce qui guide nombre de ses actions, en France comme à l'autre bout du monde.
La vision descendante de l'action humanitaire, avec d'un côté des personnes accompagnées et de l'autre des personnes qui accompagnent, n'est plus adaptée. Face aux crises qui se multiplient et s'intensifient, la prévention des risques et la solidarité deviennent les deux leviers efficaces pour rebondir. Une démarche qui s'appuie sur un autre principe fondamental : l'autonomisation. Comment est-ce appliqué dans les actions de la Croix-Rouge aujourd'hui ? Les exemples sont nombreux. Dans un établissement pour personnes âgées, il s'agira, au quotidien, de respecter l'autodétermination des personnes accompagnées et de favoriser l'engagement des « volontaires », un terme qui englobe toutes les personnes impliquées au sein de l'association, qu'elles soient bénévoles ou salariées. En cas de crise, ce travail de fond permettra la constitution rapide d'une communauté d'entraide prête à agir.

À l'étranger, dans la phase post-urgence, la Croix-Rouge française expérimente désormais de nouvelles approches qui viennent compléter les dons de matériel et de nourriture. La distribution de fonds aux populations permet par exemple de rendre les personnes plus autonomes et favorise le commerce local. Une autonomisation et une participation également expérimentées auprès des personnes exilées. Le Repair Lab (voir pages 164-165), en est un bon exemple. Le réseau Ex-Pairs en est un autre. Lancé en septembre 2023, il réunit une vingtaine de conseillers ayant vécu un parcours de migration (certains ont obtenu des papiers, d'autres pas). Leur rôle : faire des préconisations sur les actions initiées par l'association auprès des personnes exilées, tester les outils mis en place, etc. Intégrés au comité de projet, ils font valoir leur expertise d'usage, permettant une plus grande adéquation entre les besoins et les services proposés par la Croix-Rouge.

Quel que soit le public, une seule règle s'impose peu à peu : « faire avec » les personnes concernées et non « faire à la place de », leur donner la capacité de faire des choix, de prendre ou de reprendre confiance en elles. Un changement de posture qui irrigue progressivement l'ensemble des actions menées par l'association.

Crises migratoires.

Les conflits, la misère, le réchauffement climatique… autant de raisons qui poussent des centaines de milliers d'individus à fuir leur pays pour mettre leur famille à l'abri et trouver une vie meilleure. Durant les deux guerres mondiales ou la décolonisation, on les appelait des « personnes déplacées ». Aujourd'hui, ce sont des « personnes exilées ». La Croix-Rouge française s'est toujours mobilisée pour les accueillir, leur apporter une aide alimentaire, leur proposer des vêtements ou des solutions d'hébergement.

Depuis plusieurs décennies, l'Europe est le théâtre de vagues migratoires successives générant parfois la création de camps humanitaires, à Sangatte ou à Grande-Synthe. La Croix-Rouge en a été l'un des acteurs majeurs aux côtés d'ONG telles que Médecins du monde ou Médecins sans frontières. Elle a notamment géré des espaces de soin, des lieux d'accueil, d'écoute et d'orientation pour les plus vulnérables sur le plan psychologique, formé aux gestes de premiers secours des bénévoles d'autres structures…

Au cours de ces dernières années, sur décision du gouvernement français, les campements fixes ont été démantelés et interdits sur le territoire, faisant place à des campements éphémères et mobiles tout le long du littoral de la Manche et jusqu'aux côtes normandes, au gré des mouvements de migrants souhaitant rejoindre le Royaume-Uni.

L'action de l'association en faveur des exilés n'a pas cessé pour autant, mais elle s'est transformée pour faire face à un afflux de plus en plus important de personnes parcourant des milliers de kilomètres dans

"Partout, il s'agit de se rendre au plus près des personnes migrantes et leur proposer aide et soutien."

Le Repair Lab est un atelier mobile qui permet aux personnes exilées de réparer elles-mêmes les objets qui leur sont chers et, ce faisant, de retrouver un peu de dignité.

des conditions périlleuses pour rejoindre nos contrées. Des parcours migratoires souvent douloureux, voire traumatisants. Lorsque les personnes migrantes sont prises en charge, elles se trouvent dans des situations de plus en plus dégradées. Pour y répondre, la Croix-Rouge a identifié des lieux de passage sur la route migratoire et s'y installe pour apporter de l'aide, tel un repère fixe dans des environnements changeants.

En France, l'association a revu ses dispositifs pour développer l'« aller vers » et toucher ainsi des personnes marginalisées qui n'auront pas le réflexe de demander de l'aide. Ces dispositifs mobiles de soutien aux exilés, animés par des salariés et des bénévoles, sont présents dans plusieurs villes de France, notamment à Lyon, Calais, Grande-Synthe et Paris. Partout, il s'agit de se rendre au plus près des personnes migrantes et leur proposer aide et soutien : soins médicaux, conseils, aides administratives, prêt d'un téléphone pour qu'ils puissent appeler leur famille, accès à l'électricité pour qu'ils rechargent leur portable… Dernier-né parmi les dispositifs mobiles, le Repair Lab permet aux migrants de réparer leurs effets personnels, de plastifier leurs papiers ou des photos,

de recoudre des vêtements ou leur sac de voyage… Une démarche bénéfique sur le plan matériel mais aussi sur le plan psychosocial. Un objet ou une photo peut être le dernier lien concret avec le pays d'origine. Ne pas faire à leur place est un autre élément positif pour le moral. Une façon de retrouver une dignité perdue.

Une prise en charge plus spécifique est également déployée en direction des mineurs non accompagnés (MNA) isolés pour leur permettre de bénéficier de l'aide sociale à l'enfance ou de dispositifs de droit commun. L'action humanitaire s'accompagne alors d'une action sociale, qui s'inscrit dans la durée.

Établisse-ments : des expertises méconnues.

C'est une activité parfois méconnue du grand public et pourtant la Croix-Rouge française compte plus de 600 établissements répartis aujourd'hui sur tout le territoire national. Petite enfance, protection de l'enfance, lutte contre les exclusions, personnes âgées vivant à domicile, personnes en situation de handicap, sanitaire et formation : ces établissements couvrent l'essentiel des besoins de la population. Concrètement, les 16 000 salariés de ces structures prennent soin au quotidien de milliers de personnes ou forment ceux qui le feront demain. Tous ces établissements et services font face à des défis de taille liés à la multiplication des crises, aux contraintes budgétaires, à la concurrence avec les autres acteurs du secteur, ou encore au manque d'attractivité des métiers du social et du médico-social. Autant de défis qui ont nécessité, en 2023, d'engager une transformation profonde pour garantir cette façon bien particulière de la Croix-Rouge de « prendre soin », si cohérente avec son emblème protecteur.

Les équipes soignantes de l'hôpital d'enfants de Margency prennent en charge en soins de suite très médicalisés des enfants atteints de cancers.

Tous ces établissements sont des lieux où l'on soigne, mais ce sont surtout des lieux où l'on prête attention à la personne dans sa globalité, où l'on se soucie d'elle, de son environnement, de son corps autant que de son esprit, de son présent autant que de son passé et de son avenir. Et cela change tout.

Certains de ces établissements ont, par ailleurs, développé des domaines d'expertise. Il en va ainsi de l'hôpital pour enfants de Margency dans le Val-d'Oise, spécialisé dans les soins de suite et de réadaptation pour des jeunes malades, âgés de quelques semaines à 17 ans, atteints d'affections du système digestif, onco-hématologiques et respiratoires. Au-delà des soins, il est essentiel que les enfants puissent s'épanouir et grandir – raison pour laquelle Margency propose une école, un parc avec de nombreuses

Prise en charge d'un patient à l'hôpital gériatrique Henry-Dunant.

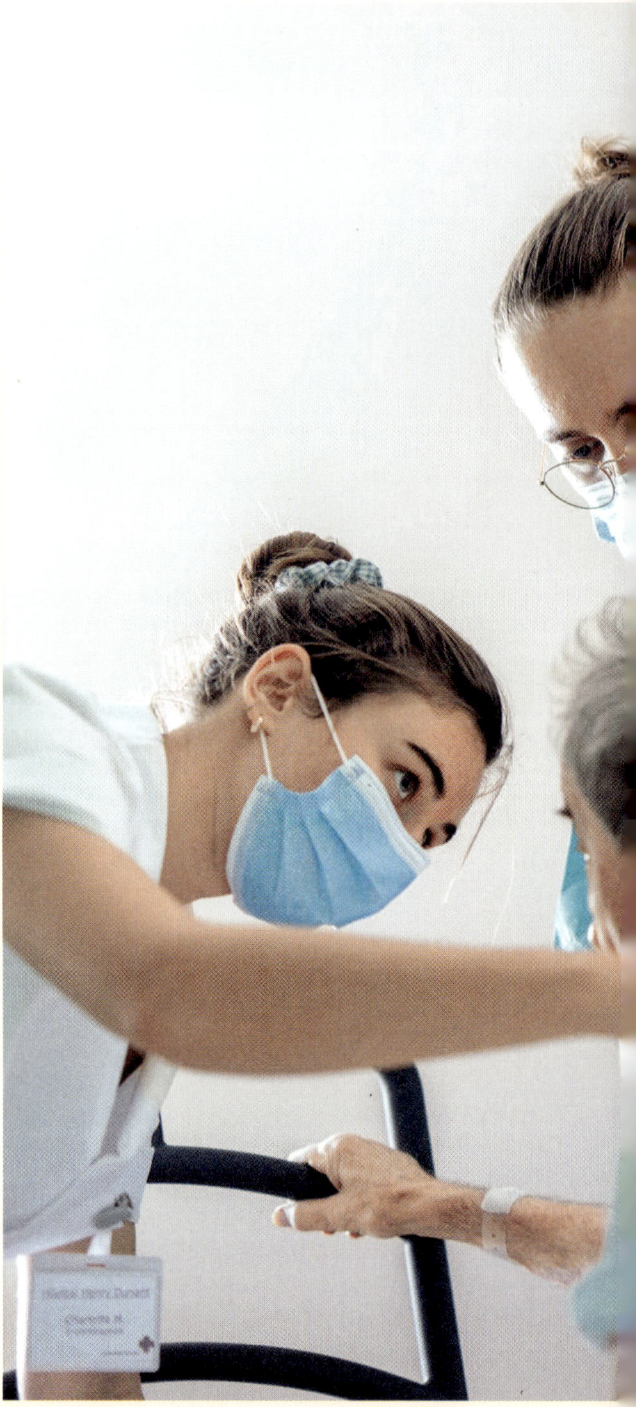

activités éducatives et sportives, et surtout une maison des parents pour héberger les familles habitant loin. Car la présence des parents est indispensable dans le processus de soin et de guérison des enfants.

Ailleurs, en Saône-et-Loire, le service de soins médicaux et de réadaptation (SMR) Marguerite-Boucicaut soigne les affections respiratoires, cardio-vasculaires et du système nerveux. Ici aussi, la prise en charge est globale et adaptée à chaque patient. La priorité est de restaurer son autonomie pour favoriser son retour à domicile, après stabilisation de son état, et de prévenir la récidive.

Le retour et le maintien à domicile, c'est du reste un enjeu stratégique de la Croix-Rouge, qui a notamment mis en place à partir de 2021 un dispositif innovant baptisé Vivre@lamaison, déployé de façon expérimentale sur sept territoires. Il permet aux personnes âgées de rester chez elles grâce à une coordination des services à domicile et un accès aux activités et services d'un Ehpad. Des services d'accompagnement sont également proposés aux aidants pour les informer, les former et prendre leur relais.

"Ces établissements couvrent l'essentiel des besoins de la population."

Protéger l'enfance.

À ce jour, la Croix-Rouge française compte près de 110 établissements (crèches, maisons d'enfants à caractère social, etc.) dédiés à la petite enfance et à la protection de l'enfance. L'accompagnement des enfants les plus fragiles a toujours fait partie des missions historiques de l'association, qui a adapté ses réponses au gré des besoins : orphelins de guerre, protection maternelle et infantile, centres parentaux… et relais parentaux. C'est en 1985 que le premier relais parental, structure indépendante baptisée la Passerelle 92, ouvre ses portes à Gennevilliers. Il rejoindra la Croix-Rouge française en 2012. Ce lieu d'accueil pour enfants permet de prendre le relais des parents qui, à certains moments de leur histoire, sont dans l'impossibilité de s'en occuper seuls parce qu'ils sont confrontés à des problèmes familiaux, sociaux ou de santé, ponctuels ou périodiques.

Véritable bouffée d'oxygène, le relais parental présente d'autres avantages : éviter certains placements en permettant aux enfants de ne pas être coupés de leur environnement social, culturel et éducatif, et aux parents de continuer à s'en occuper. S'appuyant sur une démarche forte de prévention de délitement du lien, le concept s'est peu à peu développé en France pour accueillir, vingt-quatre heures sur vingt-quatre, 365 jours par an, des enfants, de la naissance jusqu'à 18 ans.

Initiation au jardinage dans un relais parental de la Croix-Rouge française.

Convaincue de la pertinence d'agir le plus précocement possible et souhaitant promouvoir cette réponse de proximité, la Croix-Rouge française est aujourd'hui le premier opérateur national de relais parentaux. Ici, tout est pensé pour l'enfant. Quels sont ses besoins ? Comment grandit-il ? Quel est son environnement social et familial ? Une place centrale est bien entendu accordée aux parents, premiers éducateurs de leurs enfants. Il ne s'agit pas de faire à leur place, mais de faire avec eux, de travailler sur la valorisation et le renforcement de leurs compétences parentales, leur confiance et leur estime d'eux-mêmes, pour leur permettre de trouver les ressources nécessaires pour s'occuper de leur enfant et rétablir une relation stable.

"L'accompagnement des enfants les plus fragiles a toujours fait partie des missions historiques de l'association."

DES BOUTIQUES SOLIDAIRES

Lutter contre la précarité matérielle et, de fait, vestimentaire, est l'une des missions de la Croix-Rouge française. Depuis plus de trente ans, l'association collecte, trie et distribue des vêtements de seconde main. 22000 bénévoles animent au quotidien cette activité dans plus de 950 points de distribution répartis sur le territoire national – métropolitain et ultramarin. Il s'agit des « vestiaires », des « vesti-boutiques » et, depuis 2021, des boutiques Chez Henry, un nouveau concept de point de vente de seconde main solidaire.

Dans ce cas précis, le public ciblé englobe aussi les populations dotées d'un pouvoir d'achat un peu plus important. Lieux conviviaux de rencontre et d'engagement, ouverts à tous, ces boutiques s'inscrivent dans une démarche d'économie locale, sociale et circulaire. Gérées uniquement par des bénévoles, elles proposent également aux personnes précaires une écoute attentive et une orientation vers les dispositifs adaptés à leurs besoins. L'ensemble de ces activités permet de soutenir financièrement une partie importante des actions locales de solidarité.

L'économie sociale et solidaire.

Avec ses nombreux établissements répondant à des besoins sociaux ou sociétaux, la Croix-Rouge française est l'un des acteurs les plus importants de l'économie sociale et solidaire (ESS) sans être identifié comme tel… pour le moment. « Nous sommes des acteurs de confiance dans les territoires sur le secteur social et médico-social. Forts de ce positionnement, nous souhaitons mener de nouvelles activités dans le champ de l'économie sociale et solidaire en développant certaines de nos filières et en reprenant de petites structures qui souffrent financièrement. L'idée, ce n'est pas de grossir pour grossir, nous devons veiller à préserver notre équilibre budgétaire, mais d'apporter une aide à la population en maintenant au niveau local les services dont elle a besoin », résume Nathalie Smirnov, directrice générale de la Croix-Rouge française.

Pour l'association, s'engager dans l'ESS revient également à investir dans des projets innovants, les nouvelles technologies ou l'entrepreneuriat social, en cherchant toujours à redonner de l'autonomie aux personnes, à les faire participer, pour ne pas les enfermer dans une forme de dépendance et les rendre plus résilientes. À titre d'exemple, en lançant les boutiques Chez Henry (voir ci-contre), l'idée était de repenser l'aide vestimentaire. Ces boutiques, entièrement gérées par des bénévoles, s'adressent à toutes les classes sociales. Entre ceux qui bénéficient d'une aide vestimentaire, ceux qui souhaitent privilégier la seconde main et ceux qui donnent leurs vêtements, une communauté locale se forme et contribue à faire vivre une économie sociale et circulaire. Les boutiques proposent, en outre, des ateliers et des événements (couture, bien-être, zéro déchet, braderies…) ouverts à tous.

Lancement de l'Accélé-rateur 21.

Autre initiative portée par la Croix-Rouge française et Nexem, son partenaire : 21, l'accélérateur d'innovation sociale. Leur ambition : partir des idées de ceux qui agissent sur le terrain pour trouver de nouvelles réponses aux défis actuels que sont la lutte contre les inégalités, les précarités et les exclusions. Lancé en 2019, le dispositif comprend de nombreux programmes pour répondre aux grands enjeux sociétaux actuels : favoriser l'accès à la santé numérique pour tous, l'emploi des professionnels en situation de handicap, développer le bien-vieillir, accélérer les innovations pour répondre à toutes les vulnérabilités, etc. L'objectif est d'accompagner des porteurs de projets innovants, entrepreneurs ou intrapreneurs (des salariés et des bénévoles de la Croix-Rouge française et des adhérents du réseau Nexem). Leurs solutions sont ensuite testées en conditions réelles, c'est-à-dire auprès des personnes accompagnées, des volontaires et

Réunion de travail dans les locaux de l'Accélérateur 21.

des professionnels des établissements, des structures sociales et sanitaires, ainsi que celles animées par des bénévoles, de la Croix-Rouge française et de ses partenaires. À l'issue de la période d'expérimentation de la solution, une mesure d'impact est réalisée afin de pouvoir déterminer les pistes de collaboration et de déploiement à plus grande échelle de ces produits et services innovants.

"Trouver de nouvelles réponses aux défis actuels que sont la lutte contre les inégalités, les précarités et les exclusions."

Depuis 2019, quelque 70 projets ont été sélectionnés, accompagnés par 25 experts métiers de la Croix-Rouge française. On peut citer, par exemple, l'association La Cloche, qui a lancé Le Carillon, un grand réseau solidaire de quartier entre commerçants et habitants avec et sans domicile pour rendre des services de proximité essentiels : lieu d'accueil pour charger son portable, don alimentaire des commerces, café gratuit, coupe de cheveux… Ou encore Sentinelles, qui propose aux citoyens de participer à des études pour faire avancer la recherche contre le cancer grâce à une plateforme numérique de mise en relation. Sans oublier Nomad, un logiciel développé pour faciliter l'organisation du transport des personnes à mobilité réduite, etc. L'ensemble des acteurs – entrepreneurs et organisations contribuant à la dynamique d'innovation sociale et médico-sociale et à l'écosystème de l'économie sociale et solidaire de la Croix-Rouge – se retrouvent régulièrement au sein d'un lieu dédié au coworking social, implanté au cœur du campus de l'association. Tous contribuent à faire émerger de nouvelles solutions pour répondre aux défis sociaux du XXIe siècle.

La Fondation Croix-Rouge française.

Lancée en janvier 2018 et reconnue d'utilité publique, la Fondation Croix-Rouge française répond à une conviction : pour soulager au mieux les souffrances, il est nécessaire de comprendre les contextes où elles s'expriment et de prendre le temps d'analyser, au plus près des populations vulnérables, les réponses qui leur sont apportées.

C'est pourquoi la Fondation Croix-Rouge française s'est donné pour mission de soutenir la recherche humanitaire et sociale, en attribuant des bourses et des prix à des chercheurs en sciences humaines. Elle favorise ainsi la production de connaissances scientifiques solides issues du terrain, en France et à l'international, émanant de chercheurs du Nord comme du Sud. Les recherches soutenues sont mises au service de l'opérationnel et contribuent à l'amélioration des actions existantes, au renforcement des capacités et de l'autonomie et à l'émergence de modèles d'action innovants et durables.

Croix-Rouge insertion.

Aider les personnes très éloignées de l'emploi à réintégrer une vie professionnelle, c'est tout l'objet de « Croix-Rouge insertion », un programme créé en 2011 pour développer de nouvelles formes de solidarité par l'activité économique. L'association s'est ainsi dotée d'un nouvel outil pour lutter contre la précarité et offrir à des personnes, parfois en grande détresse, les moyens de rebondir. Ancrée dans l'économie sociale et solidaire avec un réseau de 13 chantiers d'insertion sur toute la France – logistique, vente en ligne, recycleries, maraîchage, centre d'appels, accueil touristique, métiers du soin… –, la filiale fonctionne avec une équipe de 139 salariés permanents et plus de 2 000 salariés en parcours d'insertion, qui travaillent chaque jour pour une économie plus inclusive, durable et solidaire. Ces chantiers d'insertion permettent à des jeunes sans ressources, des personnes sans domicile et des demandeurs d'emploi de longue durée de reprendre contact avec le monde du travail en participant à une activité utile à la société. Chaque salarié bénéficie d'un contrat de travail, d'une rémunération stable, d'une formation adaptée et d'un accompagnement personnalisé pour

Dans cet atelier, Croix-Rouge insertion, les salariés valorisent les cuirs et les tissus.

lui permettre de réapprendre les bases de la vie en collectivité et de retrouver confiance en soi. En 2022, 55 % des personnes accompagnées ont trouvé un emploi ou une formation à l'issue de cette expérience.

"Développer de nouvelles formes de solidarité par l'activité économique."

Déploiement d'actions post-urgence, repositionnement des établissements, développement de l'« aller vers », prise en compte globale des bénéficiaires, soutien à l'innovation sociale, la Croix-Rouge française, ces dernières années, s'est adaptée aux nouveaux défis contemporains. Face à l'intensification des crises, il faut anticiper et préparer de mieux en mieux la population pour en limiter les impacts.

Être prêt à être prêt.

Être prêt. C'est le leitmotiv de la Croix-Rouge depuis quelques années. Et cela implique à la fois de se préparer à affronter les crises, mais aussi de former et d'éduquer les citoyens. Plusieurs initiatives allant dans ce sens ont ainsi été lancées. Et pour cause, depuis 2004 la loi sur la modernisation de la sécurité civile établit que « toute personne concourt par son comportement à la sécurité civile ». Les citoyens doivent donc être formés afin d'être acteurs de leur sécurité. C'est le cas de 40 % de la population française… loin des objectifs gouvernementaux fixés à 80 %. Pour les atteindre, la Croix-Rouge française propose plusieurs types de formations – d'une heure et demie (initiation aux premiers secours) à huit heures (PSC1) – pour un public adulte ou pour les plus jeunes. Une offre diversifiée qui comprend, par exemple, une initiation aux premiers secours enfant et nourrisson pour sensibiliser les participants à la prévention des accidents domestiques et de la vie courante (quatre heures et demie), ou encore une initiation de deux heures aux gestes qui sauvent (GQS). Celle-ci vise à permettre à tout citoyen d'empêcher l'aggravation de l'état d'une victime et à préserver son intégrité physique en attendant l'arrivée des secours. Reconnue par l'État, la formation GQS permet à chacun de connaître les gestes à pratiquer lors d'accidents de la vie quotidienne ou de situations exceptionnelles comme les événements tragiques du 13 novembre 2015 à Paris. Depuis, l'État a souhaité que tous les acteurs de la formation de la sécurité civile, Croix-Rouge comprise, déploient le plus largement possible cette initiation.

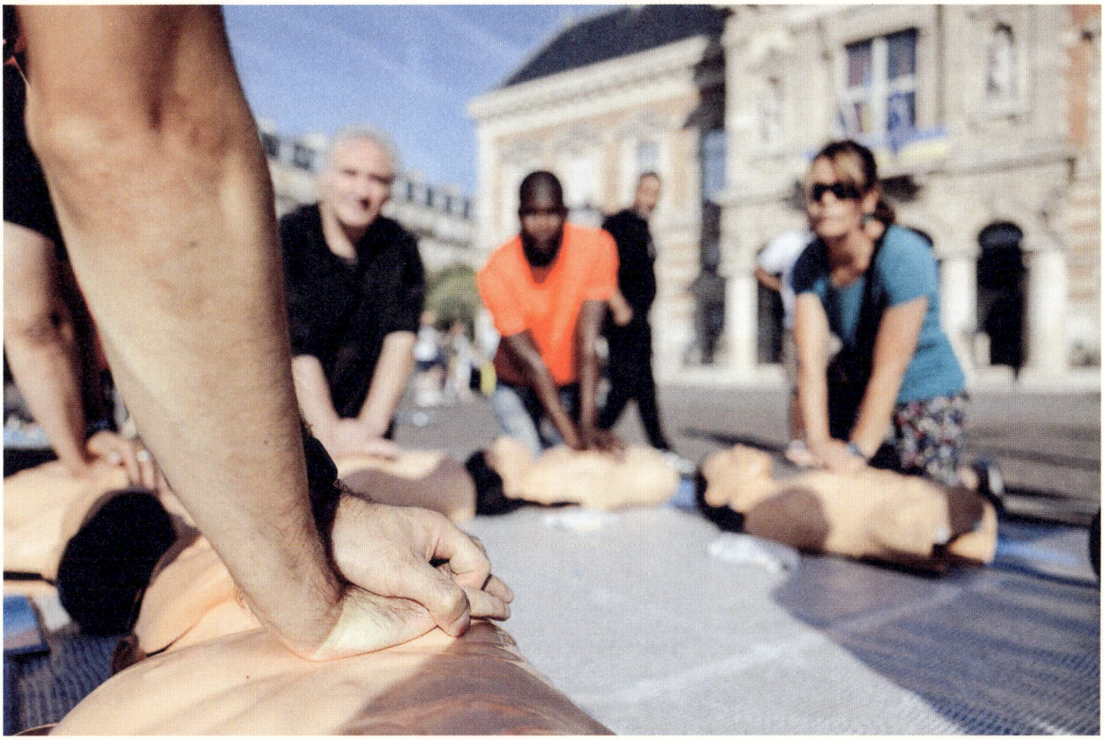

Initiation aux gestes qui sauvent durant la Journée mondiale des premiers secours (JMPS).

Un autre axe important de la formation au sein de l'association concerne la transition écologique. Ainsi, depuis 2010, la Croix-Rouge française propose une initiation d'une heure à la réduction des risques de catastrophes naturelles, intégrée aux formations de premiers secours. Ouverte à tous, elle permet de visualiser et donc de prendre conscience des risques qui nous entourent au quotidien, pour mieux les anticiper.

Nous l'avons dit, l'anticipation des crises pour être prêt le moment venu est également envisagée au sein même de la Croix-Rouge française, grâce à la formation permanente des volontaires. Des exercices grandeur nature sont ainsi régulièrement organisés pour renforcer collectivement la culture de la gestion des crises, comme en novembre 2023 où une Journée nationale d'exercice (JNEX), déployée dans cinquante départements, a permis à tous les acteurs impliqués (bénévoles, salariés, apprenants) d'effectuer un exercice en temps réel à partir de scénarios

La Croix-Rouge française propose des initiations adaptées au jeune public.

"Cela implique à la fois de se préparer à affronter les crises, mais aussi de former et d'éduquer les citoyens."

ultra-réalistes (épisode caniculaire en Île-de-France, tempête balayant l'Hexagone et les territoires d'outre-mer). Les différentes équipes ont été amenées à se coordonner pour porter secours aux sinistrés, ouvrir un centre d'hébergement d'urgence, lancer un appel à dons, etc. L'occasion aussi de tester et de s'approprier les procédures et les outils existants.

Former passe aussi par Croix-Rouge Compétence, la filière formation de la Croix-Rouge française. Avec plus de 150 instituts de formation spécialisés dans les domaines du sanitaire, du

social et de la santé et sécurité au travail, elle prépare à trente métiers (infirmier, aide-soignant, ambulancier…) et accompagne les professionnels dans leur montée en compétences. La formation est pensée comme un levier pour l'émancipation des individus, leur permettant de contribuer à une société plus humaniste, qui s'incarne dans le « prendre soin » déployé dans les établissements de l'association. Un enjeu majeur aujourd'hui dans un contexte de crise du secteur sanitaire, social et médico-social qui peine à recruter et à fidéliser de nouveaux collaborateurs.

Éduquer les plus jeunes.

Former est une chose, éduquer en est une autre. Grâce à l'option Croix-Rouge, lancée en 2016 à titre expérimental et déployée, depuis, dans de nombreux établissements scolaires (de l'école à l'université) et dans des structures spécialisées de type IME (instituts médico-éducatifs), des jeunes sont sensibilisés aux valeurs humanitaires et mettent en place des actions de solidarité durant trois trimestres. Collectes de vêtements pour jeunes migrants ou de jouets pour enfants démunis, maraudes, formation au PSC1 (prévention et secours civiques de niveau 1)… sont ainsi au programme. Un parcours qui permet de développer les compétences sociales et civiques des jeunes, leur autonomie, leur esprit d'initiative et de renforcer leur confiance en eux.

Hormis l'option Croix-Rouge, l'association a également imaginé d'autres types de programmes en direction des mineurs. Le dispositif « Paré pas paré » est ainsi dédié aux jeunes de La Réunion pour les sensibiliser de façon ludique et pédagogique aux risques naturels de leur territoire. Déployé dans le

Ces jeunes collégiens posent devant l'objectif, fiers d'avoir suivi l'option Croix-Rouge et de revêtir la fameuse chasuble aux couleurs de l'association.

cadre scolaire depuis 2012 (de l'école primaire au collège), le projet permet de développer les connaissances des élèves sur tous les risques auxquels l'île est exposée (cyclones, feux de végétation, mouvements de terrain, etc.) et de les préparer à y faire face. En apprenant à être acteurs de la gestion de crise, les élèves deviennent également des vecteurs de sensibilisation auprès de leurs proches. Depuis 2016, les enseignants sont formés à l'animation de ces modules, ce qui les rend autonomes dans leur utilisation.

"Un parcours qui permet de développer les compétences sociales et civiques des jeunes."

Une nouvelle diplomatie humanitaire.

Pour la Croix-Rouge française, former et éduquer implique également d'assumer son rôle en matière de diffusion du droit international humanitaire. Le conflit en Ukraine a une fois de plus mis en exergue l'importance du principe de neutralité de la Croix-Rouge, seul garant de la capacité du Mouvement à mener des actions sur les terrains de guerre, à porter secours aux populations et à protéger ses volontaires. La neutralité permet d'avoir accès aux blessés, aux personnes détenues ou déplacées. Quant aux belligérants, lors d'un conflit armé, ils sont tenus de se conformer aux obligations que leur impose le droit international humanitaire (DIH). Ils doivent notamment distinguer les biens militaires des biens civils. Le DIH protège les personnes qui ne combattent pas et qui ne combattent plus. Il garantit également une aide humanitaire inconditionnelle. Même dans la guerre, il y a des règles que les États signataires des Conventions de Genève se sont engagés à respecter.

Au-delà des conflits, la diffusion du DIH participe aussi à l'inculcation des principes d'humanité propres à limiter la violence et à préserver la paix. Un droit que la Croix-Rouge française contribue à promouvoir en participant aux réflexions sur les défis actuels, en émettant des recommandations et en identifiant les engagements à prendre par les autorités.

L'emblème de la Croix-Rouge est un symbole de protection dans les conflits armés, un signe distinctif reconnu dans le monde entier.

En France, un plan de formation a été mis en place, permettant de faciliter la connaissance de ce droit. Celui-ci englobe des sensibilisations auprès des plus jeunes, dès l'âge de 7 ans, et des formations pour les diplomates, les militaires, les journalistes, les magistrats, les parlementaires, les étudiants… Un travail pédagogique nécessaire, car ce principe de neutralité n'est pas toujours bien compris. Le CICR a, par exemple, été critiqué pour son positionnement neutre lors des conflits armés en Ukraine et au Proche-Orient. Or, dénoncer n'est pas le rôle du CICR. Il intervient en toute confidentialité – gage de confiance – auprès de toutes les parties d'un conflit pour obtenir un accès aux personnes détenues, s'assurer qu'elles sont traitées avec humanité et réclamer leur libération. Sa mission : protéger les plus faibles et défendre l'humanité. Il n'est pas un négociateur politique. Ce positionnement qu'il faut sans cesse rappeler et expliquer, surtout lorsque ces règles et principes sont malmenés par l'actualité.

"Le conflit en Ukraine a une fois de plus mis en exergue l'importance du principe de neutralité de la Croix-Rouge."

L'impor-tance de l'anticipation.

Face à des événements climatiques extrêmes et de plus en plus fréquents dans certaines parties du monde, la clé est d'avoir facilement et rapidement accès à des stocks de matériel pour répondre aux besoins essentiels de la population touchée. C'est tout l'objet des plateformes d'intervention régionales (PIR). Basées dans les territoires ultramarins et l'océan Indien, les deux PIR de la Croix-Rouge française permettent d'intervenir dans l'urgence et le plus efficacement possible. Le dispositif a montré à plusieurs reprises toute sa pertinence, à l'occasion du tsunami de 2004 en Asie du Sud-Est, du séisme de 2010 en Haïti ou, plus récemment, du cyclone Belal à La Réunion, en janvier 2024. Un cyclone qui a entraîné le déclenchement de l'alerte violette – imposant le confinement de la population –, le plus haut niveau de danger, rarement mis en œuvre. Les opérations ont été coordonnées par la Plateforme d'intervention régionale de l'océan Indien (PIROI), en lien avec le centre opérationnel national de la Croix-Rouge française et la direction territoriale qui gère les établissements et la délégation territoriale. Bénévoles et salariés ont donc travaillé de concert pour limiter les impacts de cette catastrophe.

Cette complémentarité et cette capacité d'anticipation ont sans doute permis de sauver bien des vies. Une cellule de crise a en effet été ouverte en amont de l'arrivée du cyclone et un plan de continuité d'activités a immédiatement été mis en place. Les dispositifs d'urgence sociale (SIAO, SAMU social) ont ainsi intensifié leurs activités de mise à l'abri avant même le confinement, les établissements ont proposé des solutions d'hébergement (Ehpad, maisons d'enfants à caractère social) ; des centres d'hébergement d'urgence, centres de vie et centres d'accueil des impliqués ont également été montés. Une campagne de sensibilisation aux risques avait par ailleurs été menée

La Plateforme d'intervention régionale Amériques-Caraïbes (PIRAC) permet de concentrer les moyens matériels et humains au plus près des populations vulnérables.

auprès des habitants au cours des quelques jours précédant le passage du cyclone.

> "Cette complémentarité et cette capacité d'anticipation ont sans doute permis de sauver bien des vies."

Avec onze entrepôts pour la seule plateforme de l'océan Indien, cette réserve immédiate de matériel permet de couvrir les besoins prioritaires de 45 000 personnes en cas de catastrophe : accéder à l'eau, s'abriter, garantir des conditions d'hygiène satisfaisantes. Anticiper, agir vite et bien grâce à du matériel positionné au bon endroit… Un modèle que la Croix-Rouge souhaite développer en métropole, grâce à des « plateformes » centralisant des moyens logistiques (véhicules, moyens de communication, kits d'hygiène, etc.) prêts à être déployés localement. Ces plateformes pourraient également servir de lieu de formation et de sensibilisation pour les bénévoles, les entreprises et les citoyens, ainsi que de lieu de coopération pour imaginer des solutions face aux crises.

PRÉSENT SUR LES PLUS GRANDS ÉVÉNEMENTS SPORTIFS

Euro 2016, Coupe du monde de football en 2018, Coupe du monde de rugby en septembre 2023… La Croix-Rouge française est présente lors des grands rendez-vous sportifs. Lors de la Coupe du monde de rugby, qui s'est déroulée dans plusieurs villes de l'Hexagone, des centaines de secouristes ont assuré la sécurité du public les jours de match, dans les stades, les zones de retransmission publiques et les fan zones officielles à travers ses dispositifs prévisionnels de secours.

Une logistique bien huilée et un schéma organisationnel sans faille, c'est également le challenge qui a été relevé lors des Jeux olympiques et paralympiques de Paris 2024[1]. Un défi tout à la fois humain, organisationnel et logistique. Des centaines d'intervenants ont ainsi été mobilisés chaque jour, nécessitant de recruter et de former un nombre important de nouveaux secouristes bien en amont de l'événement. Au total, ce sont des milliers de volontaires Croix-Rouge qui ont été déployés entre juillet et septembre 2024 sur les sites de compétition et d'entraînement des Jeux olympiques et paralympiques, pour assurer la gestion des nombreux postes de secours. La Croix-Rouge française a été mandatée pour en tenir une trentaine. Elle était, par exemple, présente au vélodrome de Marseille et de Saint-Quentin-en-Yvelines, au Stade de France, aux Invalides, sur le pont Alexandre-III, la colline d'Élancourt… Elle a également assuré les postes de secours pour les cérémonies d'ouverture et de clôture des Jeux olympiques et paralympiques, ainsi que pour des *road events* (épreuves sur route type VTT ou triathlon) et des *mass events* (comme le marathon pour tous).

Deux secouristes de la Croix-Rouge française lors du Test Event d'Élancourt en septembre 2023.

Le dispositif de secours était bien rodé pour l'arrivée de la flamme olympique à Marseille, le 8 mai 2024.

Une vraie gageure, d'autant plus que durant toute cette période estivale l'association a tenu à assurer une réponse de sécurité civile à la hauteur de l'événement tout en gardant sa capacité à gérer différentes crises, à accompagner les personnes vulnérables et précaires et à intervenir sur les situations d'urgence. La Croix-Rouge française était également en première ligne sur les questions de logistique pour accueillir, nourrir, transporter et héberger tous les volontaires présents sur les Jeux olympiques et paralympiques. Parmi eux se trouvaient 160 personnes en situation de handicap, issues des établissements de la Croix-Rouge.

Pour relever ces défis, la Croix-Rouge française a dû innover, expérimenter de nouveaux outils et une autre façon de nouer des partenariats. À l'avenir, elle entend bien capitaliser sur ces nouvelles pratiques et dupliquer ce qui a été mis en place durant l'été 2024.

[1] La rédaction de cet ouvrage a été finalisée en août 2024, avant la fin des Jeux de Paris 2024.

Conclusion

Préparer l'avenir.

La force de l'engagement dans un monde de plus en plus incertain, où tout un chacun peut se sentir vulnérable à un moment de sa vie, c'est aujourd'hui la réponse que la Croix-Rouge française décline dans toutes ses actions. Et les enjeux sont de taille.

Une nouvelle communauté de secouristes

Un de ces enjeux : la nécessité de recruter toujours plus de secouristes pour faire face aux crises qui s'intensifient et se démultiplient. Pour y parvenir et constituer une communauté forte de secouristes, il faut prendre en compte les nouvelles attentes des volontaires, plus enclins à se mobiliser sur des actions concrètes, sur des temps plus courts et plus fragmentés. Pour maintenir leur motivation et les fidéliser, il est important de les former, de les accompagner dans leur parcours au sein de l'association, de les responsabiliser et de les valoriser. La Croix-Rouge française y travaille en amplifiant la cohésion et l'animation des équipes.

Des secouristes de la Croix-Rouge française se préparent avant de tenir un poste de secours.

Les jeunes passent à l'action

Si tous les publics sont concernés par ces mesures, la jeunesse tient aujourd'hui une place à part au sein de l'association. Car c'est d'abord avec elle que l'avenir se construit, comme aime le rappeler Philippe Da Costa, président de la Croix-Rouge française : « Les jeunes constituent une richesse exceptionnelle pour notre organisation. Leur engagement tisse un lien intergénérationnel précieux, empreint de transmission et d'échanges, mais il insuffle aussi une remarquable dynamique de transformation et d'adaptation. Être jeune à la Croix-Rouge,

Le festival « Jeunes et engagés », organisé par la Croix-Rouge française en septembre 2023, a été l'occasion pour de nombreux jeunes de l'association de se rencontrer et d'échanger autour de leur engagement.

c'est enfin une trajectoire de vie qui se dessine. L'engagement agit comme force d'émancipation, de celle qui permet de dépasser les déterminismes sociaux, de celle qui permet à chacun de s'aimer tel qu'il est, de devenir ce qu'il voudrait être. »
40 000 jeunes de moins de 30 ans sont parties prenantes de la Croix-Rouge française. Pour les préparer aux crises à venir et faciliter leur engagement, tout est mis en œuvre pour les aider à passer à l'action. L'association favorise ainsi la mise en place d'événements et autres rassemblements qui leur sont dédiés.
À titre d'exemple, le festival « Jeunes et engagés » a réuni pendant deux jours, en septembre 2023, des centaines de participants de tous horizons venus célébrer l'engagement des jeunes, découvrir la diversité des actions proposées par la Croix-Rouge française, s'informer, se former et faire naître de nouvelles idées ! Un événement qui traduit la nouvelle dynamique jeunesse de l'association, tournée vers la création de liens, le passage à l'action, la montée en compétences et la prise de responsabilités, que ces jeunes soient bénévoles, services civiques, salariés dans les établissements, apprenants des instituts de formation aux métiers du sanitaire et du social ou accueillis dans les établissements. Ces derniers sont au cœur du nouveau projet éducatif de la Croix-Rouge française. Une démarche soutenue par la mise en place de référents jeunesse au sein des unités locales et territoriales afin de mieux les intégrer dans l'association et ses instances de gouvernance, mais aussi afin de favoriser et d'accompagner leurs initiatives sur le terrain.

"Les jeunes constituent une richesse exceptionnelle pour notre organisation."

ROUGE
ÇAISE

S'engager dans la transition écologique

Miser sur l'avenir, c'est aussi diminuer l'impact environnemental de la Croix-Rouge française. La transition écologique passe ainsi par la transformation des modes de consommation en termes de restauration, d'énergie, de mobilité…

L'un des grands chantiers de l'association, c'est notamment la rénovation énergétique de son important parc immobilier. « Entre 2021 et 2023, nous étions dans une phase de sensibilisation et de mesure de l'impact. Toutes les structures ont ainsi dû établir leur bilan carbone. Depuis 2023, l'ensemble du réseau (établissements, structures bénévoles, etc.) dispose d'une boîte à outils d'actions à mener, qui va de la gestion des déchets à la réutilisation du textile, en passant par le développement du covoiturage ou encore la priorité donnée aux circuits courts… Autant de bonnes pratiques à appliquer. Nous sommes aujourd'hui passés dans la phase active de la transition écologique », assure Nathalie Smirnov, directrice générale de la Croix-Rouge française. Objectif : réduire de moitié les émissions carbone à l'horizon 2030 !

Une jeune bénévole Croix-Rouge lors d'une maraude de nuit.

"Nous sommes aujourd'hui passés dans la phase active de la transition écologique."

Changer en interne, c'est aussi animer la démarche RSO (responsabilité sociétale des organisations) de la Croix-Rouge française en promouvant l'égalité femmes-hommes, en mettant en place des systèmes d'alerte sur les violences sexistes et sexuelles, gérés par une équipe externe à la Croix-Rouge, en sanctionnant si besoin ou en se portant partie civile aux côtés des victimes en cas de procès. « 30 % de nos volontaires ont moins de 30 ans. Ils sont moins tolérants que nous sur ces questions et ils nous imposent d'être rigoureux. Ils nous bousculent et c'est très bien », conclut Nathalie Smirnov. Face aux enjeux actuels, la Croix-Rouge française a engagé un profond processus de transformation, inscrit dans la durée. S'attaquant tout à la fois à sa posture, sa gouvernance, ses modes de fonctionnement, elle montre encore une fois sa capacité à s'adapter aux défis de son temps.

Crédits photographiques

p. 9 : © Albert Harlingue / Roger-Viollet
p. 10 : © Tallandier/
p. 13: Collection JD, www.military-photos.com, photographie Lebiez
p. 14 : Collection JD, www.military-photos.com, photographie de A. Jaudin
p. 17: © Albert Harlingue / Roger-Viollet
p. 19: © Kharbine Tapabor
p. 20 : Collection Frédéric Pineau
p. 21 : Collection Frédéric Pineau, photographie anonyme
p. 23 : © Frédéric Coune / École de médecine de Paris
p. 26-27 : Collection Frédéric Pineau, photographie Rol
p. 29 : © Albert Harlingue / Roger-Viollet
p. 30 : Musée du judaïsme de Paris
p. 32 : Collection Croix-Rouge française
p. 34/35 : © Frédéric Coune
p. 39 : Collection Frédéric Pineau
p. 41 : Collection Frédéric Pineau, photographie Giffard
p. 42 : Collection Frédéric Pineau
p. 43 : © Kharbine Tapabor
p. 45 : Collection Frédéric Pineau
p. 46 : Collection Frédéric Pineau
p. 47 : Collection privée, vicomte de Boisboissel
p. 49 : © Kharbine Tapabor
p. 51 : Collection Frédéric Pineau
p. 53 : © Kharbine Tapabor
p. 54 : © Kharbine Tapabor
p. 57 : Collection Frédéric Pineau
p. 59 : Collection Frédéric Pineau
p. 62 : Collection Frédéric Pineau
p. 67 : Collection Frédéric Pineau
p. 68 : Collection Frédéric Pineau
p. 70-71 : Collection Frédéric Pineau
p. 73 : Collection Croix-Rouge française
p. 75 : Collection Croix-Rouge française, photographie Marcel
p. 76 : Collection Frédéric Pineau
p. 79 : Collection Croix-Rouge française
p. 81 : Collection Frédéric Pineau
p. 82 : © Henri Martinie/Roger Viollet
p. 83 : Collection Kallet/Ikronos
p. 86 : © Jean Vigne/Kharbine-Tapabor
p. 87 : Collection Frédéric Pineau
p. 93 : Collection Croix-Rouge française
p. 95 : Collection Croix-Rouge française
p. 96 : Collection Croix-Rouge française
p. 97 : Collection Frédéric Pineau
p. 98 : © Ullstein Bild / Roger-Viollet
p. 99 : Collection Croix-Rouge française
p. 101 : Collection Croix-Rouge française
p. 103 : Collection Croix-Rouge française
p. 105 : Collection Frédéric Pineau
p. 106 : Collection Frédéric Pineau
p. 109 : Collection Croix-Rouge française
p. 111 : Rue des Archives/AGIP
p. 113 : Collection Croix-Rouge française
p. 114 : © Bettmann/CORBIS
p. 119 : Collection Croix-Rouge française
p. 120 : Collection Croix-Rouge française
p. 121 : Collection Croix-Rouge française
p. 123 : Collection Croix-Rouge française
p. 125 : Collection Croix-Rouge française, photo Jean Biaugeaud
p. 127 : Collection Croix-Rouge française
p. 128 : Collection Croix-Rouge française
p. 130 : © Leif Carlsson
p. 132 : © Sylvain Cherkaoui
p. 135 : Collection Croix-Rouge française
p. 139 : © Sébastien Le Clézio
p. 141 : © Jean-Luc Luyssen
p. 143 : © Nicolas Beaumont
p. 145 : Collection Croix-Rouge française
p. 147 : © Christophe Hargoues
p. 148 : Collection Croix-Rouge française
p. 151 : © Nicolas Beaumont
p. 153 : © Didier Pazery
p. 154 : © Christophe Hargoues
p. 157 : © Marie Magnin
p. 158 : © Guillaume Binet/MYOP
p. 159 : © Didier Pazery
p. 161 : Collection Croix-Rouge française
p. 164-165 : © Christophe Hargoues
p. 167 : © Matthieu Suprin
p. 168-169 : © Alex Bonnemaison
p. 171 : © Alix Marnat
p. 172 : © Alex Bonnemaison
p. 175 : © Nicolas Beaumont
p. 179 : © Guillaume Binet/MYOP
p. 181 : © Alex Bonnemaison
p. 182-183 : © Alex Bonnemaison
p. 185 : © Karus Films
p. 187 : © Marko Kokic / CICR
p. 189 : Collection Croix-Rouge française
p. 190 : © Marie Magnin
p. 191 : © Alex Bonnemaison
p. 193 : © Alex Bonnemaison
p. 195 : © Matthieu Suprin
p. 196 : © Alex Bonnemaison
couverture : © Alex Bonnemaison

Remerciements

Cet ouvrage a été réalisé en collaboration avec les équipes de la Croix-Rouge française. Nous remercions tout particulièrement Laurent Amiand, Estelle Burget, Marine Bouniol, Géraldine Drot, Laurence Méoulle et Virginie Alauzet.

" Cela fait maintenant vingt-cinq ans que ma route a croisé celle de la Croix-Rouge française. C'est un engagement qui me tient beaucoup à coeur.

Je suis admirative du travail sans relâche des volontaires, quelles que soient les crises.

Nous avons encore tellement de choses à faire ensemble... "

Adriana Karembeu
Ambassadrice de la Croix-Rouge française